Dreiundachtzig Gedichte, von den Dichtern des Mittel-
alters über die Klassiker der Renaissance und des Barock,
über die Romantiker, die Lyriker des Realismus und des
Symbolismus, die Modernisten und die Neorealisten
bis zu den eigentlichen Zeitgenossen:

Ein Blick über die wunderbare poetische Landschaft
Portugal, wie ihn deutsche Leser noch nicht bekommen
haben.

Den Originaltexten steht eine sehr wortgetreue, un-
gereimte, nur metrisch etwas gestaltete Übersetzung
gegenüber: keine Nachdichtung, sondern eine Heran-
führung.

dtv zweisprachig · Edition Langewiesche-Brandt

POEMAS PORTUGUESES

PORTUGIESISCHE GEDICHTE

vom Mittelalter bis zur Gegenwart

Herausgegeben und übersetzt von
Maria de Fátima Mesquita-Sternal und Michael Sternal

Deutscher Taschenbuch Verlag

Aos alunos de Português da Universidade Johann Wolf-
gang Goethe de Francoforte do Meno.
  Na esperança de que esta antologia possa despertar
neles um amor ainda maior à língua e à literatura portu-
guesa.

Dieses Buch wurde gefördert durch das Instituto Camões
(Portugal) und durch das Instituto Português du Livro e
das Bibliotecas, Lissabon.

Original-Anthologie / Neuübersetzung
1. Auflage Oktober 1997
Deutscher Taschenbuch Verlag GmbH & Co. KG, München
Copyright-Nachweise Seite 204 ff.
Umschlagkonzept: Balk & Brumshagen
Umschlagbild (Foto Markus Faust):
Detail aus der azulejo-ausgekleideten Kirche
in São Lorenço dos Matos bei Faro
Satz: W Design, Höchstädt Ofr.
Gesamtherstellung: Kösel, Kempten
Gedruckt auf säurefreiem, chlorfrei gebleichtem Papier

Na verdade, é na nossa poesia que se encontra isso que os políticos tão afanosamente buscam: a nossa identidade. Não vale a pena procurá-la noutro sírio, excelentíssimos senhores, porque não a encontrareis em nenhum outro lugar. É nessas linhas exíguas que os sortilégios de Dom Dinis e Pero Meogo passam a Bernardim e Gil Vicente, Camões e Antero, Cesário e Pessanha, e chegam acrescentados, mesmo quando subvertidos, aos nossos dias; é aí, digo-vo-lo eu, que descobrireis esse rosto prisioneiro da sua própria música, fitando enigmaticamente «o futuro do passado». Só esse rosto é nosso. Não temos outro.

In unserer Poesie findet man in der Tat das, was die Politiker so angestrengt suchen: unsere Identität. Es lohnt sich nicht, sie anderswo zu suchen, verehrte Herrschaften, denn ihr werdet sie an keinem anderen Ort finden. In diesen unscheinbaren Zeilen geht der Zauber von Dom Dinis und Pero Meogo über auf Bernardim und Gil Vicente, Camões und Antero, Cesário und Pessanha, und wirkt vermehrt, selbst wenn in anderer Gestalt, weiter bis in unsere Tage. Gerade hier, sage ich euch, werdet ihr das Gesicht entdecken, das gefangen ist von seiner eigenen Musik und rätselnd auf die «Zukunft der Vergangenheit» blickt. Nur dieses Gesicht ist das unsere. Wir haben kein anderes.

Eugénio de Andrade

Inhalt

Dom Sancho 8
Airas Corpancho 10
Martim Codax 12
Martim Soares 14
Pero Meogo 16
João Zorro 18
Dom Dinis 20, 22
João Roiz de Castel-Branco 24
Gil Vicente 26
Bernardim Ribeiro 28
Francisco de Sá de Miranda 38
Luís de Camões 40, 42, 44, 46, 48
Francisco Rodrigues Lobo 50
Soror Violante do Céu 52
D. Francisco Manuel de Melo 54
Jerónimo Baía 56
Nicolau Tolentino 58
Marquesa de Alorna 60
Manuel Maria Barbosa du Bocage 62, 64
Almeida Garrett 66, 72, 74
João de Deus 76
Antero de Quental 80
Guerra Junqueiro 82
Cesário Verde 86, 90
António Nobre 92, 94
Camilo Pessanha 96
Teixeira de Pascoaes 98
Fernando Pessoa 100, 102, 104, 106, 108, 110
Mário de Sá-Carneiro 112
Irene Lisboa 114
Almada Negreiros 116
Florbela Espanca 118, 120

António Botto 122
Cabral do Nascimento 124, 126
Vitorino Nemésio 128
José Régio 130, 132
António Gedeão 134
Miguel Torga 136, 138
Adolfo Casais Monteiro 140
Manuel da Fonseca 142
Ruy Cinatti 148
Sophia de Mello Breyner 150, 152
Fernando Namora 154
Jorge de Sena 156
Sidónio Muralha 158
Eugénio de Andrade 162, 164, 166
Mário Cesariny 168
Sebastião da Gama 170
Alexandre O'Neill 172
António Ramos Rosa 174
David Mourão-Ferreira 176, 178
Herberto Helder 180
Ruy Belo 182
Manuel Alegre 184
Vasco Graça Moura 188
Al Berto 192
Nuno Júdice 194, 196
Luís Filipe de Castro Mendes 198
Fernando Pinto do Amaral 200

Nachwort 203
Anmerkungen 205

Dom Sancho I

Ai eu coitada como vivo
En gran cuidado por meu amigo
Que ei alongado: muito me tarda
O meu amigo na Guarda.

Ai eu coitada como vivo
En gran desejo por meu amigo
Que tarda e non vejo: muito me tarda
O meu amigo na Guarda.

Dom Sancho I

Ach, ich Arme, wie lebe ich
in großer Sorge um meinen Freund,
der fern von mir ist: lange lässt er mich warten,
mein Freund in Guarda.

Ach, ich Arme, wie lebe ich
in großer Sehnsucht nach meinem Freund,
der so säumt und nicht zu sehen ist: lange lässt er mich
mein Freund in Guarda.   warten,

Airas Corpancho

De fazer romaria pug'en meu coraçon
A Sant'Iag'un dia, por fazer oraçon
E por veer meu amigo logu'i.

E, se fezer bon tempo e mia madre non fôr,
Querrei andar mui leda e parecer melhor
E por veer meu amigo logu'i.

Quer'eu ora mui cedo provar se poderei
Ir queimar mias candeas con gran coita que ei,
E por veer meu amigo logu'i.

Airas Corpancho

Eine Wallfahrt zu machen habe ich beschlossen
nach Santiago eines Tages; ich will beten
und dort gleich meinen Freund sehen.

Wenn das Wetter gut ist und die Mutter nicht mitkommt,
werde ich sehr froh sein und noch hübscher
und dort gleich meinen Freund sehen.

Ich will dann ganz früh versuchen, ob ich meine Kerzen
anzünden kann bei dem großen Kummer, den ich habe,
und dort gleich meinen Freund sehen.

Martim Codax

Ondas do mar de Vigo,
Se vistes meu amigo?
Ai Deus, se verrá cedo!

Ondas do mar levado,
Se vistes meu amado?
Ai Deus, se verrá cedo!

Se vistes meu amigo,
O por que eu sospiro?
Ai Deus, se verrá cedo!

Se vistes meu amado,
Por que ei gran cuidado?
Ai Deus, se verrá cedo!

Martim Codax

Meereswellen von Vigo,
habt ihr meinen Freund gesehn?
Oh Gott, ob er bald kommt?

Wellen der stürmischen See,
habt ihr meinen Liebsten gesehn?
Oh Gott, ob er bald kommt?

Habt ihr meinen Freund gesehn,
nach dem ich seufze?
Oh Gott, ob er bald kommt?

Habt ihr meinen Liebsten gesehn,
um den ich sehr in Sorge bin?
Oh Gott, ob er bald kommt?

Martim Soares

Foi um dia Lopo jograr
A cas d'um infançom cantar
E mandou-lh'ele por dom dar
Tres couces na garganta;
E fui-lh'escass'a meu cuidar,
  Segundo com'el canta.

Escasso foi o infançom
Em seus couces partir entom,
Ca nom deu a Lop[o] entom,
Mais de tres na garganta;
E mais merece o jograrom,
  Segundo com'el canta.

Martim Soares

Einst ging Lopo ins Haus eines Edelmannes,
um dort zu spielen,
und der ließ ihm als Belohnung
drei Schläge unters Kinn geben;
das war sehr wenig, meiner Meinung nach,
so wie er singt.

Sehr nachsichtig war der Edelmann
mit seinen Schlägen, die er ihm verpasste,
denn er gab dem Lopo
nicht mehr als drei unters Kinn;
viel mehr verdient der schlechte Spielmann,
so wie er singt.

Pero Meogo

Digades, filha, mia filha velida:
Porque tardastes na fontana fria?
(Os amores hei.)

Digades, filha, mia filha louçãa:
Porque tardastes na fria fontana?
(Os amores hei.)

Tardei, mia madre, na fontana fria...
Cervos do monte a áugua volviam.
(Os amores hei.)

Tardei, mia madre, na fria fontana:
Cervos do monte volviam a áugua.
(Os amores hei.)

Mentir, mia filha! Mentir por amigo!
Nunca vi cervo que volvess' o rio.
(Os amores hei.)

Mentir, mia filha! Mentir por amado!
Nunca vi cervo que volvess' o alto.
– Os amores hei!

Pero Meogo

Sagt mir, Tochter, meine schöne Tochter,
warum bliebet Ihr so lange an der kühlen Quelle?
(Ich habe einen Liebsten.)

Sagt mir, Tochter, meine hübsche Tochter,
warum bliebet ihr so lange an der frischen Quelle?
(Ich habe einen Liebsten.)

Mutter, ich blieb so lange an der kühlen Quelle...
Hirsche vom Berge wühlten das Wasser auf.
(Ich habe einen Liebsten.)

Mutter, ich blieb so lange an der frischen Quelle:
Hirsche vom Berge, das Wasser wühlten sie auf.
(Ich habe einen Liebsten.)

Ihr lügt, meine Tochter, lügt eines Freundes wegen.
Nie sah ich einen Hirsch einen Fluss aufwühlen.
(Ich habe einen Liebsten.)

Ihr lügt, meine Tochter, lügt eines Geliebten wegen.
Nie sah ich einen Hirsch tiefes Wasser aufwühlen.
– Ich habe einen Liebsten!

João Zorro

El rei de Portugal
Barcas mandou lavrar,
E levará nas barcas sigo,
Mia filha, o voss' amigo.

El rei portugues
Barcas mandou fazer,
E levará nas barcas sigo,
Mia filha, o voss' amigo.

Barcas mandou lavrar
E no mar as deitar,
E levará nas barcas sigo,
Mia filha, o voss' amigo.

Barcas mandou fazer
E no mar as meter,
E levará nas barcas sigo,
Mia filha, o voss' amigo.

João Zorro

Der König von Portugal
ließ Boote zimmern;
in diesen Booten, meine Tochter,
wird er Euern Freund mitnehmen.

Der portugiesische König
ließ Boote bauen;
in diesen Booten, meine Tochter,
wird er Euern Freund mitnehmen.

Boote ließ er zimmern
und ließ er flottmachen;
in diesen Booten, meine Tochter,
wird er Euern Freund mitnehmen.

Boote ließ er bauen
und ließ er auslaufen;
in diesen Booten, meine Tochter,
wird er Euern Freund mitnehmen.

Dom Dinis

Ai flores, ai flores do verde pino,
Se sabedes novas do meu amigo!
   Ai Deus, e u é?

Ai flores, ai flores do verde ramo,
Se sabedes novas do meu amado!
   Ai Deus, e u é?

Se sabedes novas do meu amigo,
Aquel que mentio do que pos comigo?
   Ai Deus, e u é?

Se sabedes novas do meu amado,
Aquel que mentio do que m' a jurado?
   Ai Deus, e u é?

Vos preguntades polo voss' amigo,
E eu ben vos digo que é san' e vivo.
   Ai Deus, e u é?

Vos preguntades polo voss' amado,
E eu ben vos digo que é viv' e sano.
   Ai Deus, e u é?

E eu ben vos digo que é san' e vivo,
E será vosc' ant' o prazo saido.
   Ai Deus, e u é?

E eu ben vos digo que é viv' e sano,
E será vosc' ant' o prazo passado.
   Ai Deus, e u é?

Dom Dinis

Ach Blüten, ihr Blüten der grünen Pinie,
ob ihr wohl Kunde habt von meinem Freund?
Ach Gott, wo er wohl ist?

Ach Blüten, ihr Blüten am grünen Zweig,
ob ihr wohl Kunde habt von meinem Liebsten?
Ach Gott, wo er wohl ist?

Ob ihr wohl Kunde habt von meinem Freund,
der mich belog mit dem, was er versprach?
Ach Gott, wo er wohl ist?

Ob ihr wohl Kunde habt von meinem Liebsten,
der mich belog mit dem, was er mir schwor?
Ach Gott, wo er wohl ist?

Ihr fragt nach Euerm Freund?
Ich sage Euch, er ist gesund und lebt.
Ach Gott, wo er wohl ist?

Ihr fragt nach Euerm Liebsten?
Ich sage Euch, er lebt und ist gesund.
Ach Gott, wo er wohl ist?

Ich sage Euch, er ist gesund und lebt
und ist bei Euch vor der gesetzten Zeit.
Ach Gott, wo er wohl ist?

Ich sage Euch, er lebt und ist gesund
und ist bei Euch, bevor die Frist verstrichen ist.
Ach Gott, wo er wohl ist?

Dom Dinis

Quer'eu em maneira de provençal
Fazer agora um cantar d'amor,
E querrei muit'i loar mia senhor
A que prez nem fremosura nom fal,
Nem bondade; e mais vos direi ém:
Tanto a fez Deus comprida de bem
Que mais que todas las do mundo val.

Ca mia senhor quizo Deus fazer tal,
Quando a fez, que a fez sabedor
De todo bem e de mui gram valor,
E com tod'esto é mui comunal
Ali u deve; er deu-lhi bom-sém,
E desi nom lhi fez pouco de bem
Quando hom quis que lh'outra foss'igual.

Ca em mia senhor nunca Deus pôs mal,
Mais pôs i prez e beldad'e loor
E falar mui bem, e riir melhor
Que outra molher; desi é leal
Muit', e por esto nom sei oj'eu quem
Possa compridamente no seu bem
Falar, ca nom á, tra-lo seu bem, al.

Dom Dinis

Auf provenzalische Weise will ich jetzt
ein Liebeslied verfassen; darin will ich
lobpreisen meine Herrin, der es weder
an Tugend noch an Schönheit noch an Güte
gebricht; und mehr noch will ich euch berichten:
So viel an Trefflichkeit vereinte Gott in ihr,
dass sie mehr Würde hat als irgendjemand sonst.

Gott wollte meine Herrin so erschaffen,
als er sie schuf, dass er sie zur Vertrauten
von aller Trefflichkeit und Tugend machte;
und trotzdem ist sie äußerst liebenswürdig,
wenns sein muss; er gab ihr auch Mutterwitz
und außerdem nicht wenig Trefflichkeit:
Er wollte nicht, dass eine andere ihr gleicht.

Gott teilte meiner Herrin gar nichts Schlechtes zu,
nur lauter Tugend, Schönheit, Würde,
treffliche Redeweise und ein feineres Lachen
als jeder anderen Frau; zu alledem ist sie
sehr treu, und daher kenn ich heute keinen,
der über ihren Wert trefflicher sprechen könnte;
denn über ihre Trefflichkeit geht nichts hinaus.

João Roiz de Castel-Branco: Cantiga partindo-se

Senhora, partem tam tristes
Meus olhos por vós, meu bem,
Que nunca tam tristes vistes
Outros nenhuns por ninguém.

Tam tristes, tam saudosos,
Tam doentes da partida,
Tam cansados, tam chorosos,
Da morte mais desejosos
Cem mil vezes que da vida.
Partem tam tristes os tristes,
Tam fora de esperar bem,
Que nunca tam tristes vistes
Outros nenhuns por ninguém.

João Roiz de Castel-Branco: Lied beim Abschiednehmen

Herrin, so traurig nehmen meine Augen
Abschied um Euretwillen, meine Liebe,
dass Ihr nie andere Augen je so traurig
um eines anderen willen saht.

So traurig, so voll Sehnsucht,
so unter dem Abschied leidend,
so erschöpft, so weinend,
den Tod ersehnend
tausendmal mehr als das Leben.
So traurig nehmen sie Abschied, die traurigen,
so wenig erhoffen sie Gutes,
dass Ihr nie andere je so traurig
um eines anderen willen saht.

Gil Vicente: A adoração de Abel

Adorai, montanhas,
Adorai, verduras,
O Deus das alturas!
Adorai, desertos
E serras floridas,
O Deus dos secretos,
O Senhor das vidas!
Ribeiras crescidas,
Louvai nas alturas
Deus das criaturas!
Louvai arvoredos
De fruto pesado;
Digam os penedos:
Seja Deus louvado!
E louve o meu gado,
Por estas verduras,
O Deus das alturas!

Gil Vicente: Abels Lobgesang

Betet an, ihr Berge,
betet an, ihr Auen,
den Gott der Höhen!
Betet an, ihr Wüsten
und ihr blühenden Hügel
den Gott der Geheimnisse,
den Herrn des Lebens!
Ihr Flüsse voll Wasser,
preist den Schöpfer,
den Gott der Höhen!
Lobt ihn, all ihr Haine,
mit Früchten beladen!
Das Felsgestein spreche:
Gott sei gelobt!
Und meine Herde preise
in diesen grünen Auen
den Gott der Höhen!

Bernardim Ribeiro: Jano e Joana

Dizem que havia ũ pastor
Antre Tejo e Odiana
Que era perdido de amor
Per ũa moça, Joana.
Joana patas guardava
Pela ribeira do Tejo;
Seu pai acerca morava.
E o pastor de Alentejo
Era e Jano se chamava.

Quando as fomes grandes foram,
Que Alentejo foi perdido,
Da aldea que chamam o Terram
Foi este pastor fogido.
Levava ũ pouco de gado
Que lhe ficou doutro muito
Que lhe morreo de cansado,
Que Alentejo era enxuto
D'água e mui seco do prado.

Toda a terra foi perdida;
No campo do Tejo só
Achava o gado guarida:
Ver Alentejo era um dó.
E Jano para salvar
O gado que lhe ficou
Foi esta terra buscar;
E um cuidado levou,
Outro foi ele lá achar.

O dia que ali chegou
Com o seu gado e com seu fato,

Bernardim Ribeiro: Jano und Joana

Man erzählt von einem Hirten
zwischen Tejo und Guadiana,
der verging vor Liebe
zu Joana, einem jungen Mädchen.
Ihre Enten hütete Joana
auf und ab am Tejo–Ufer;
nahe wohnte dort ihr Vater.
Aus dem Alentejo war der Hirte,
Jano war sein Name.

Als die Hungersnot gewaltig
und der Alentejo ganz verloren war,
floh der Hirte Jano
aus dem Dorfe, das Tarrão heißt.
Wenige Tiere nahm er mit,
Reste von der großen Herde,
elend waren die meisten umgekommen:
Ohne Wasser war der Alentejo,
trocken waren alle Weiden.

Wüste war das ganze Land;
einzig auf dem Wiesengrund am Tejo
konnte eine Herde Zuflucht finden.
Es tat weh, den Alentejo anzuschaun.
Jano also, um die Herde,
die geblieben war, zu retten,
suchte jene Gegend auf.
Einen Kummer nahm er mit,
einen anderen fand er dort.

An dem Tage, da er ankam
mit der Herde und all seiner Habe,

Com tudo se agasalhou
Em ũa bicada de um mato.
E levando-o a pascer
O outro dia à ribeira,
Joana acertou de ir ver,
Que se andava pela beira
Do Tejo a flores colher.

Vestido branco trazia,
Um pouco afrontada andava,
Fermosa bem parecia
Aos olhos de quem na olhava.
Jano em vendo-a foi pasmado,
Mas por ver que ela fazia
Escondeo-se antre um prado.
Joana flores colhia,
Jano colhia cuidado.

Despois que ela teve as flores
Já colhidas e escolhidas,
As desvairadas cores
Com rosas entremetidas,
Fez delas ũa capela
E soltou os seus cabelos,
Que eram tam longos como ela;
E de cada um a Jano em vê-los
Lhe nascia ũa querela.

E em quanto aquisto fazia
Joana, o seu gado andava
Por dentro da água fria,
Todo após quem o guiava.
Um pato grande era a guia;
E todo junto em carreira,

suchte er sich ein Versteck am
Rande eines Dickichts.
Als er anderen Tags das Vieh
an den Fluss zur Weide führte,
traf es sich, dass er Joana sah,
wie sie längs des Tejo–Ufers
ging und Blumen pflückte.

Ganz in Weiß war sie gekleidet,
und sie war etwas erhitzt.
Wunderschön erschien sie dem,
dessen Augen sie erblickten.
Jano sah sie und war überwältigt.
Um zu sehen, was sie tat,
duckte er sich in ein Grasgestrüpp.
Blumen pflückte hier Joana,
aber Jano fand nur Kummer.

Als Joana reichlich Blumen
abgepflückt und ausgewählt
und in die verschiedenen Farben
Rosen eingeordnet hatte,
flocht sie einen Kranz daraus.
Dann entband sie ihre Haare
von der Länge wie sie selber;
jedes Haar, das Jano sah,
brachte ihn zum Seufzen.

Während Joana all dies tat,
schwammen ihre Enten
auf und ab im kühlen Wasser,
alle dem nach, der sie führte.
Leittier war ein großer Erpel.
Alle schwammen in der Reihe

Ora rio acima ia,
Ora, em a mesma maneira,
O rio abaixo descia.

Joana, como assentou
A capela, foi com a mão
À cabeça, e atentou
Se estava em boa feição.
Não ficando satisfeita
Do que da mão presumia,
Partiu-se dali direita
Para onde o rio fazia
D'água ũa mansa colheita.

Chegando à beira do rio,
As patas logo vierom
Todas ũa e ũa, em fio,
Que toda a água moverom.
De quanto ela já folgou
Com aquestes gasalhados,
Tanto entonces lhe pesou,
E com pedras e com brados
Dali longe as enxotou.

Despois que elas foram idas
E que a água assossegou,
Joana, as abas erguidas
Entrar pel'água ordenou;
E assentando-se, então,
As sapatas descalçou,
E, pondo-as sobre o chão,
Por dentro d'água entrou
E a Jano pelo coração.

bald den Fluss hinauf,
bald in gleicher weise
flusshinunter.

Als Joana sich den Kranz
aufgesetzt, hob sie die Hand
hoch zum Kopf und prüfte nach,
ob dort alles richtig saß.
Nicht mit dem zufrieden,
was die Hand ertastete,
ging sie stracks dort hin,
wo der Fluss in einer stillen
Bucht das Wasser halten ließ.

Kaum kam sie dem Ufer nahe,
schwammen alle ihre Enten her,
eine nach der anderen, und
kräuselten das Wasser auf.
So sehr dies Willkommen sie zu
anderen Zeiten freuen mochte,
so sehr war es ihr nun lästig,
und sie scheuchte ihre Enten
fort mit Steinen und Geschrei.

Als die Enten ferne waren
und das Wasser ruhig wurde,
da beschloss Joana, in das Wasser
mit geschürztem Rock zu steigen;
also setzte sie sich hin,
zog die Schuhe aus und legte
sie beiseite auf die Erde.
Dann stieg sie ins Wasser
und zugleich dem Jano in das Herz.

Em quanto, com passos quedos,
Joana pela água ia,
Antre uns dessejos e medos,
Jano, onde estava, ardia:
Não sabia se falasse,
Se saísse, se estivesse;
Que o amor mandava que ousasse,
E, por que a não perdesse,
Fazia que arreceasse.

Dizem que, naquesta meo,
Se esteve Joana oulhando;
E, descobrindo o seu seo,
Olhou-se, e dixe, um ai dando;
«Eu guardo patas, coitada,
Não sei onde isto há d'ir ter,
Mais era eu pera guardada.
Que concerto foi este: ser
Fermosa e mal empregada!»

Em aquisto Jano ouvindo,
Não se pôde em si sofrer,
Que, d'antre as ervas saindo,
Se nâo lançasse a correr.
Joana, quando sentiu.
Os estrompidos de Jano
E que se virou e o viu,
Temor do presente dano
Lhe deu pés com que fugiu.

Mui perto estava o casal
Onde vivia o pai dela,
Que fez ir mais longe o mal,
Que Jano teve de vê-la;

während nun Joana langsam
durch das Wasser schritt,
quälte Jano sich dort, wo er war,
zwischen Sorge und Verlangen,
zweifelnd, ob er sprechen sollte,
ob sich zeigen oder stillehalten;
denn die Liebe hieß ihn etwas wagen,
doch dass er sie nicht verliere,
hielt sie ihn in Furcht zurück.

Wie man sagt, betrachtete
sich derweil Joana in der Bucht.
Ihre Brust entblößend schaute
sie sich an und seufzte:
«Ach, ich Arme hüte Enten,
wozu sollte das wohl taugen?
Besser hätt ich selber einen Hüter.
Was ist das denn für ein Los:
schön sein und nichts davon haben!»

Jano, als er dies vernahm,
konnte nicht mehr an sich halten,
sprang aus dem Gestrüpp und
kam herbei gelaufen.
Joana hörte das Getrappel
von den Schritten Janos,
sah sich um, erblickte ihn und
floh erschrocken, schleunigst
vor der plötzlichen Gefahr.

In der Nähe stand das Haus,
wo Joanas Vater lebte;
das verstärkte noch das Weh, das
Jano litt bei ihrem Anblick.

Mas o medo que causou
Joana partir-se assi,
Tanto as mãos lhe embaraçou,
Que a sapata esquerda, ali,
Com a pressa lhe ficou.

Jano, quando viu e olhou
Que nenhum remédio havia,
Pera o lugar se tornou
Aonde ela n'água se via;
E vendo a sapata estar
No areal, à beira d'água,
Foi-a correndo abraçar.
Tomando-a, creceu-lhe a mágoa
E começou de chorar.

(...)

Das Entsetzen, das Joana
schnell davonzulaufen trieb,
krampfte freilich ihr die Hände
so, dass sie den linken Schuh
in der Eile fallen ließ.

Jano sah und merkte, dass
hier nichts zu erreichen war;
er ging dorthin, wo Joana
sich im Wasser angesehen hatte.
Und da sah er nun den Schuh
auf dem Sand des Ufers liegen.
Er lief hin, um ihn ans
Herz zu drücken,
nahm ihn und erlag dem Schmerz
und begann zu weinen.

(…)

Francisco de Sá de Miranda

O sol é grande, caem coa calma as aves
Do tempo em tal sazão que sói ser fria:
Esta água que de alto cai acordar-me-ia
Do sono não, mas de cuidados graves.

Ó cousas todas vãs, todas mudaves,
Qual é o coração que em vós confia?
Passando um dia vai, passa outro dia,
Incertos todos mais que ao vento as naves.

Eu já vi por aqui sombras e flores,
Vi águas e vi fontes, vi verdura,
As aves vi cantar todas de amores.

Mudo e seco é já tudo, e, de mistura,
Também fazendo-me eu fui de outras cores,
E tudo o mais renova, isto é sem cura.

Francisco de Sá de Miranda

Die Sonne ist groß, in der Hitze stürzen die Vögel ab
zu einer Jahreszeit, die sonst kalt ist.
Das Wasser aus der Höhe – könnt es mich erlösen
(vom Schlaf nicht, sondern von den schweren Sorgen)?

Oh all ihr eitlen Dinge, alle unbeständig!
Gibt es ein Herz, das euch vertrauen könnte?
Die Tage, einer um den andern, gehn dahin,
und alle ungewisser als die Schiffe vor dem Wind.

Ich hab hier doch gesehen Schatten, Blumen
und Wasser, Quellen, grüne Fluren;
die Vögel sangen allesamt vor Liebe.

Nun ist hier alles stumm und trocken; davon bin
auch ich betroffen: meine Farben sind verändert.
Wo alles sich erneuert – dies ist unausweichlich.

Luís de Camões

Descalça vai para a fonte
Leonor pela verdura:
Vai formosa, e não segura.

Leva na cabeça o pote,
O testo nas mãos de prata,
Cinta de fina escarlata,
Sainho de chamalote;
Traz a vasquinha de cote,
Mais branca que a neve pura.
Vai formosa, e não segura.

Descobre a touca a garganta,
Cabelos de ouro o trançado,
Fita de cor de encarnado,
Tão linda que o mundo espanta;
Chove nela graça tanta
Que dá graça à formosura.
Vai formosa, e não segura.

Luís de Camões

Barfuß geht zur Quelle
Leonor durch grüne Wiesen.
Schön geht sie, doch recht gefährdet.

Auf dem Kopf trägt sie den Krug,
in der zarten Hand den Deckel,
um den Leib ein scharlachrotes Band,
dann aus Kamelott ein Leibchen,
einen Faltenrock, wie sichs gehört.
Weißer ist sie als der reine Schnee.
Schön geht sie, doch recht gefährdet.

Ihren Hals entblößt der Schleier;
ihre goldenen Flechten sind
aufgerollt mit rotem Band.
Sie ist schön, mit so viel Liebreiz
übergossen, alle staunen,
dass zur Schönheit noch die Anmut kommt.
Schön geht sie, doch recht gefährdet.

Luís de Camões

Sete anos de pastor Jacob servia
Labão, pai de Raquel, serrana bela;
Mas não servia ao pai, servia a ela,
E a ela só por prémio pretendia.

Os dias, na esperança de um só dia,
Passava, contentando-se com vê-la;
Porém o pai, usando de cautela,
Em lugar de Raquel lhe dava Lia.

Vendo o triste pastor que com enganos
Lhe fora assi negada a sua pastora,
Como se a não tivera merecida,

Começa de servir outros sete anos,
Dizendo: «Mais servira, se não fora
Para tão longo amor tão curta a vida».

Luís de Camões

Als Hirte diente Jakob sieben Jahre Laban,
dem Vater Rahels, jener Schönen aus den Bergen;
doch nicht dem Vater diente er, er diente ihr,
und als Entlohnung wollte er nur sie.

Die Zeit verbrachte er in Hoffnung auf den Tag,
den einzigen, und war zufrieden, sie zu sehen.
Der Vater allerdings gebrauchte eine List:
Anstatt der Rahel gab er ihm Lea.

Als nun der arme Hirte sah, dass durch Betrug
ihm seine Hirtin vorenthalten war,
als hätte er sie nicht verdient,

tat er für weitere sieben Jahre Dienst und sprach:
«Noch länger wollt ich dienen, wäre nicht
das Leben viel zu kurz für eine solche Liebe!»

Luís de Camões: Ao desconcerto do mundo

Os bons vi sempre passar
No Mundo graves tormentos;
E para mais me espantar,
Os maus vi sempre nadar
Em mar de contentamentos.
Cuidando alcançar assim
O bem tão mal ordenado,
Fui mau, mas fui castigado.
Assim que, só pera mim
Anda o Mundo concertado.

Luís de Camões: Auf die verkehrte Welt

Die Guten sah ich immer leiden
auf Erden große Qualen;
und was mich noch mehr staunen ließ:
die Schlechten sah ich immer schwimmen
in einem Meer des Wohlbehagens.
Ich dachte nun: Vielleicht bekomm ich so
das schlecht verteilte Gute – und ich tat
das Schlechte und erhielt dafür die Strafe.
Demnach befindet sich für mich allein
die Welt im rechten Lot.

Luís de Camões

Amor é um fogo que arde sem se ver,
É ferida que dói, e não se sente;
É um contentamento descontente,
É dor que desatina sem doer.

É um não querer mais que bem querer;
É um andar solitário entre a gente;
É nunca contentar-se de contente;
É um cuidar que ganha em se perder.

É querer estar preso por vontade;
É servir a quem vence o vencedor;
É ter, com quem nos mata, lealdade.

Mas como causar pode seu favor
Nos corações humanos amizade,
Se tão contrário a si é o mesmo Amor?

Luís de Camões

Liebe ist eine Feuersbrunst, die man nicht sieht;
ist eine tiefe Wunde, die man doch nicht fühlt;
ist unbefriedigtes Zufriedensein;
ist ein verrückter Schmerz, der doch nicht quält;

Liebe heißt nichts zu wünschen als zu lieben;
heißt unter allen Menschen einsam sein;
heißt nie sich zu begnügen, zu bescheiden;
heißt glauben, man gewinnt trotz allen Plagen,

heißt gern gefangen sein mit freiem Willen;
heißt dienen dem, der unterlegen ist;
heißt treu sein dem, der Qual bereitet.

Wenn sich die Liebe selbst so widerspricht,
wie könnte ihre Gunst in Menschenherzen
Freundschaft begründen, die beständig bleibt?

Luís de Camões

Mudam-se os tempos, mudam-se as vontades,
Muda-se o ser, muda-se a confiança;
Todo o mundo é composto de mudança,
Tomando sempre novas qualidades.

Continuamente vemos novidades,
Diferentes em tudo da esperança;
Do mal ficam as mágoas na lembrança,
E do bem – se algum houve –, as saüdades.

O tempo cobre o chão de verde manto,
Que já coberto foi de neve fria,
E enfim converte em choro o doce canto.

E, afora este mudar-se cada dia,
Outra mudança faz de mór espanto:
Que não se muda já como soía.

Luís de Camões

Es wandeln sich die Zeiten und die Wünsche,
das Wesen wandelt sich und das Vertrauen.
Die ganze Welt besteht aus Wandel
und nimmt stets neue Wesenszüge an.

Fortwährend sehn wir Neuigkeiten,
die immer anders sind, als wirs erhofften.
Vom Schlimmen bleiben Schmerzen im Gedächtnis,
vom Guten, wenn es Gutes gab, die Sehnsucht.

Die Zeit bedeckt mit grünem Kleid die Fluren,
die eben noch der kalte Schnee bedeckte –
und meinen lieblichen Gesang verwandelt sie in
Tränen.

Von diesem Wandel jedes Tages abgesehen
bewirkt die Zeit noch einen überraschenden:
Der wandelt sich nicht mehr wie aller Wandel sonst.

Francisco Rodrigues Lobo

Fermoso Tejo meu, quão diferente
Te vejo e vi, me vês agora e viste:
Turvo te vejo a ti, tu a mim triste,
Claro te vi eu já, tu a mim contente.

A ti foi-te trocando a grossa enchente
A quem teu largo campo não resiste;
A mim trocou-me a vista em que consiste
O meu viver contente ou descontente!

Já que somos no mal participantes,
Sejamo-lo no bem. Oh, quem me dera
Que fôramos em tudo semelhantes!

Mas lá virá a fresca Primavera:
Tu tornarás a ser quem eras dantes,
Eu não sei se serei quem dantes era.

Francisco Rodrigues Lobo

Mein schöner Tejo, wie verschieden
seh ich und sah ich dich, so wie du mich:
Trüb seh ich dich, du siehst mich traurig,
ich sah dich klar, und du sahst mich zufrieden.

Dich hat die große Flut verändert,
der dein so breites Bett nicht standgehalten hat,
und mich der Ausdruck meines Blicks (der spiegelt
zufriedenes Leben oder Unzufriedenheit).

Da wir am Schlechten beide Anteil haben,
wünschten wir auch am Guten unser Teil.
Ach wären wir doch darin gleich!

Ganz sicher wird ein neuer Frühling kommen.
Du wirst dann wieder, der du einst gewesen,
ich aber weiß nicht, ob ich werde, der ich war.

Soror Violante do Céu

Será brando o rigor, firme a mudança,
Humilde a presunção, vária a firmeza,
Fraco o valor, cobarde a fortaleza,
Triste o prazer, discreta a confiança;

Terá a ingratidão firme lembrança,
Será rude o saber, sábia a rudeza,
Lhana a ficção, sofística a lhaneza,
Áspero o amor, benigna a esquivança;

Será merecimento a indignidade,
Defeito a perfeição, culpa a defensa,
Intrépito o temor, dura a piedade,

Delito a obrigação, favor a ofensa,
Verdadeira a traição, falsa a verdade,
Antes que vosso amor meu peito vença.

Soror Violante do Céu

Eher wird mild die Strenge sein, der Wandel stetig,
bescheiden die Anmaßung, unstet die Beständigkeit,
vergänglich fester Wert, feige der Mut,
traurig die Lust, misstrauisch das Vertrauen,

wird Undank treuliches Erinnern sein,
das Wissen ungelehrt, die Rohheit weise,
dümmlich die Phantasie, gewitzt die Einfalt,
unsanft die Liebe, gütig die Verachtung,

die Würdelosigkeit verdienstvoll,
Vollkommenes schal, Beistand verderblich,
Furcht unerschrocken, Mitleid hart,

die Pflicht Verbrechen, Wohlgeneigtheit Kränkung,
Aufrichtigkeit Verrat, die Wahrheit Lüge
– bevor mein Herz sich Eurer Liebe beugt.

D. Francisco Manuel de Melo: Mundo incerto

Eis aqui mil caminhos. Por ventura
Qual destes leva a gente ao povoado?
Todos vão sós, só este vai trilhado;
Mas se, por ser trilhado, me assegura?

Não, que desde o princípio há que lhe dura
Do erro este costume ao mundo dado:
Ser aquele caminho mais errado
O que é de mais passage e fermosura.

Enfim, não passarei, temendo a sorte?
Também, tanto temor é desconcerto
A quem passar avante assi lhe importe.

Que farei logo, incerto em mundo incerto?
Buscar nos Céus o verdadeiro norte,
Pois na terra não há caminho certo.

D. Francisco Manuel de Melo: Unsichere Welt

Hier gibt es tausend Wege. Welcher denn
von ihnen führt uns wohl zum Dorf?
Alle sind leer, nur dieser hier ist vielbegangen.
Doch ob er, weil so vielbegangen, sicher führt?

Nein, denn von Anbeginn erhielt die Welt
vom Sichverirren die Erkenntnis,
dass meistens *der* Weg in die Irre führt,
der allgemein bevorzugt und am schönsten ist.

Geh ich ihn also nicht (weil ich das Schicksal fürchte)?
Nun, so viel Ängstlichkeit ist Torheit.
Der, der vorausgeht, soll sich Sorgen machen!

Was soll ich tun, unsicher in Unsicherheit?
Im Himmel nur die wahre Richtung suchen!
Denn hier auf Erden gibt es keinen sicheren Weg.

Jerónimo Baía: Ao rigor de Lísi

Mais dura, mais cruel, mais rigorosa
Sois, Lísi, que o cometa, rocha ou muro
Mais rigoroso, mais cruel, mais duro,
Que o Céu vê, cerca o mar, a terra goza.

Sois mais rica, mais bela, mais lustrosa
Que a perla, rosa, Sol ou jasmim puro,
Pois por vós fica feio, pobre e escuro,
Sol em Céu, perla em mar, em jardim rosa.

Não viu tão doce, plácida e amena,
(Brame o mar, trema a terra, o Céu se agrave),
Luz o céu, ave a terra, o mar sirena.

Vós triunfais de sirena, luz e ave,
Claro Sol, perla fina, rosa amena,
Mor cometa, árduo muro, rocha grave.

Jerónimo Baía: Auf Lísis Strenge

Viel härter noch, grausamer, strenger
seid Ihr als der Komet, der Fels, die Mauer
in ihrer größten Strenge, Grausamkeit und Härte,
die Himmel, Meer und Erde kennen.

Ihr seid viel reicher, schöner, leuchtender
als Perle, Rose, Sonne und Jasmin:
In Himmel, Meer und Garten werden blass und arm
vor Eurer Schönheit Sonne, Perle, Rose.

So lieblich, sanft und reizend haben nie gesehn
– sie mögen brüllen, beben oder donnern –
das Meer Sirenen, die Erde Vögel, der Himmel Lichter.

Ihr, Lísi, übertrefft Sirene, Licht und Vogel
strahlende Sonne, edle Perle, liebliche Rose,
gewaltigen Kometen, harte Mauer, schweren Fels.

Nicolau Tolentino

Chaves na mão, melena desgrenhada,
Batendo o pé na casa, a Mãe ordena
Que o furtado colchão, fofo e de pena,
A filha o ponha ali, ou a criada:

A filha, moça esbelta e aparaltada
Lhe diz co'a doce voz que o ar serena:
– Sumiu-se-lhe um colchão, é forte pena!
Olhe não fique a casa arruinada...

– Tu respondes assim? Tu zombas disto?
Tu cuidas que, por ter pai embarcado,
Já a mãe não tem mãos? E dizendo isto,

Arremete-lhe à cara e ao penteado;
Eis senão quando – caso nunca visto! –
Sai-lhe o colchão de dentro do toucado.

Nicolau Tolentino

Die Schlüssel in der Hand, das Haar zerzaust,
stampft Mutter mit dem Fuß auf und befiehlt,
die Tochter oder die Bediente solle wiederbringen
das Daunenkissen, das entwendet wurde.

Die Tochter, elegant herausgeputzt,
sagt ihr mit sanftem Ton, die Stimmung zu beruhigen:
«Ein Kissen ist verschwunden, das ist schade;
doch davon fällt nicht gleich das Haus zusammen.»

«Wie redest du mit mir? Du machst dich lustig?
Du meinst: Der Vater ist auf hoher See,
da hat die Mutter keine Macht mehr?» Und sie stürzt

auf das Gesicht und die Frisur der Tochter los.
Da plötzlich – so etwas hat man noch nie gesehen –
fällt ihr das Daunenkissen aus dem Kopfputz.

Marquesa de Alorna

Razão, por piedade, esconde
O que eu dentro de alma sinto;
Se amor se mostra em meus lábios
Faze crer que sempre minto.

Não quero que hoje a verdade
Se oponha às leis da razão;
Triunfe a modéstia austera,
Gema embora o coração.

Não acenda um só suspiro
Chama que devo apagar;
Siga-se à dor o silêncio:
Vencer é saber calar.

Quantos males evitara
Esse incauto Prometeu,
Se na férula escondido
Ficasse o fogo do Céu!...

Marquesa de Alorna

Vernunft, erbarme dich, verbirg,
was ich in meiner Seele fühle!
Wenn sich die Liebe auf den Lippen zeigt,
lass alle glauben, dass ich lüge!

Ich will nicht länger, dass die Wahrheit den
Geboten der Vernunft zuwiderhandelt.
Es triumphiere nüchterne Verhaltenheit,
auch wenn mein Herz dann stöhnt.

Lass keinen einzigen Seufzer sich entzünden,
denn solche Flamme müsst ich löschen.
Es folge auf den Schmerz das Schweigen.
Wer siegen will, muss schweigen können.

Wie viele Übel hätte uns erspart
der unvorsichtige Prometheus,
hätt er auf seiner eigenen Fackel
das Himmelsfeuer doch für sich behalten.

Manuel Maria Barbosa du Bocage

Camões, grande Camões, quão semelhante
Acho teu fado ao meu, quando os cotejo!
Igual causa nos fez, perdendo o Tejo,
Arrostar co'o sacrílego gigante;

Como tu, junto ao Ganges sussurrante,
Da penúria cruel no horror me vejo;
Como tu, gostos vãos, que em vão desejo,
Também carpindo estou, saudoso amante.

Ludíbrio, como tu, da Sorte dura
Meu fim demando ao Céu, pela certeza
De que só terei paz na sepultura.

Modelo meu tu és, mas... oh, tristeza!...
Se te imito nos transes da Ventura,
Não te imito nos dons da Natureza.

Manuel Maria Barbosa du Bocage

Camões, großer Camões, wie ähnlich
ist mein Geschick dem deinen, wenn man sie vergleicht!
Der gleiche Grund ließ uns vom Tejo weggehn
und frevelhaft dem Meer-Giganten trotzen.

Wie du am Ganges-Strome dich befandest,
befind ich mich im Elend einer grauenhaften Not.
Ich sehne mich wie du umsonst nach eitlen Freuden
und weine ebenso als Liebender voll Sehnsucht.

Gleich dir vom harten Schicksal hintergangen,
erflehe ich vom Himmel meinen Tod, in der Gewissheit,
dass nur im Grab ich Frieden finden kann.

Mein Vorbild bist du, doch oh Jammer:
Mag ich dir auch an bösem Schicksal gleichen,
ich gleich dir nicht an Gaben der Natur.

Manuel Maria Barbosa du Bocage

Nos campos o vilão sem sustos passa,
Inquieto na corte o nobre mora:
O que é ser infeliz aquele ignora;
Este encontra nas pompas a desgraça.

Aquele canta e ri; não se embaraça
Com essas coisas vãs que o mundo adora;
Este (oh, cega ambição!) mil vezes chora,
Porque não acha bem que o satisfaça.

Aquele dorme em paz no chão deitado,
Este, no ebúrneo leito precioso,
Nutre, exaspera velador cuidado.

Triste! Sai do palácio majestoso:
Se hás-de ser cortesão, mas desgraçado,
Antes ser camponês e venturoso!

Manuel Maria Barbosa du Bocage

Der Bauer auf dem Land lebt ohne Schrecken,
unruhig lebt am Hof der Edelmann.
Unglücklichsein, das kennt der eine nicht,
der andere findet es im Pomp: sein Elend.

Der eine singt und lacht, ganz unverwirrt
von jenen eitlen Dingen, die die Welt bewundert;
der andere (oh blinder Ehrgeiz) weint fortwährend,
dass er nicht findet, was ihn wirklich freut.

Der eine schlummert friedlich auf dem Boden;
der andere, im teuren Bett aus Elfenbein,
nährt und verschlimmert schlaflos seine Sorgen.

Du Trauriger! Verlass den prächtigen Palast!
Solang du Höfling sein musst, bist du unglückselig.
Sei lieber Bauer – du wirst glücklich sein!

Almeida Garrett: A nau Catrineta

Lá vem a nau Catrineta
Que tem muito que contar!
Ouvide agora, senhores,
Uma história de pasmar.

Passava mais de ano e dia
Que iam na volta do mar,
Já não tinham que comer,
Já não tinham que manjar.
Deitaram sola de molho
Para o outro dia jantar;
Mas a sola era tão rija,
Que a não puderam tragar.
Deitam sortes à ventura
Qual se havia de matar:
Logo foi cair a sorte
No capitão general.

«Sobe, sobe, marujinho,
Àquele mastro real,
Vê se vês terras de Espanha,
As praias de Portugal.»
«Não vejo terras de Espanha,
Nem praias de Portugal;
Vejo sete espadas nuas
Que estão para te matar.»
«Acima, acima, gajeiro,
Acima, ao tope real!
Olha se enxergas Espanha,
Areias de Portugal.»
«Alvíssaras, capitão,
Meu capitão general!

Almeida Garrett: Das Schiff Catrineta

Seht, da kommt die Catrineta.
Dieses Schiff kann viel erzählen.
Hört, ihr Herren, eine Mär,
die euch tief erschauern lässt.

Jahr und Tag war schon vergangen,
dass sie auf dem Meere fuhren.
Nichts mehr hatten sie zu essen,
nichts mehr hatten sie zu kauen.
Eine Stiefelsohle weichte man,
um sie morgen zu verzehren,
doch die Sohle war so zäh,
dass man sie nicht runterbrachte.
Darum warfen sie das Los,
wer sich schlachten lassen sollte,
und das Los fiel allsogleich
auf den Kapitän des Schiffes.

«Steige hoch hinauf, Matrose,
auf den Großmast dort.
Schaue aus nach Spaniens Landen,
nach den Stränden Portugals.»
«Weder seh ich Spaniens Lande,
noch die Strände Portugals;
sieben blanke Schwerter seh ich,
die bereit sind, dich zu töten.»
«Höher, höher, Mastkorbjunge,
ganz den Topmast hoch!
Suche Spanien zu entdecken
und die Strände Portugals!»
«Jetzt belohn mich, Kapitän,
Kapitän auf unserm Schiff:

Já vejo terras de Espanha,
Areias de Portugal.
Mais enxergo três meninas
Debaixo de um laranjal:
Uma sentada a coser,
Outra na roca a fiar,
A mais formosa de todas
Está no meio a chorar.»
«Todas três são minhas filhas,
Oh! Quem mas dera abraçar!
A mais formosa de todas
Contigo a hei-de casar.»
«A vossa filha não quero,
Que vos custou a criar.»
«Dar-te-ei tanto dinheiro
Que o não possas contar.»
«Não quero o vosso dinheiro,
Pois vos custou a ganhar.»
«Dou-te o meu cavalo branco,
Que nunca houve outro igual.»
«Guardai o vosso cavalo,
Que vos custou a ensinar.»
«Dar-te ei a nau Catrineta,
Para nela navegar.»
«Não quero a nau Catrineta,
Que a não sei governar.»
«Que queres tu, meu gajeiro,
Que alvíssaras te hei-de dar!»
«Capitão, quero a tua alma
Para comigo a levar.»
«Renego de ti, demónio,
Que me estavas a atentar!
A minha alma é só de Deus;
O corpo dou eu ao mar.»

Jetzt erblick ich Spaniens Lande
und die Strände Portugals.
Außerdem seh ich drei junge
Mädchen im Orangenhain;
eine sitzt darin und näht,
eine andere spinnt daneben,
doch die schönste von den dreien,
in der Mitte, sitzt und weint.»
«Alle drei sind meine Töchter;
könnte ich sie doch umarmen!
Hör, die Schönste unter ihnen
werde ich zur Frau dir geben.»
«Eure Tochter will ich nicht;
Ihr habt sie zu fein erzogen.»
«So viel Geld will ich dir geben,
dass du es nicht zählen kannst.»
«Euer Geld das will ich nicht;
Ihr habt es verdient mit Mühe.»
«Meinen Schimmel geb ich dir;
niemals gab es seinesgleichen.»
«Herr, behaltet Euer Pferd;
mühsam habt ihr es dressiert.»
«Ich geb dir die Catrineta,
dann kannst du das Meer befahren.»
«Ich will nicht die Catrineta,
weil ich sie nicht steuern kann.»
«Was verlangst du, Mastkorbjunge,
welchen Lohn soll ich dir geben?»
«Deine Seele, Kapitän!
Nur sie will ich mit mir nehmen.»
«Teufel, fort! Dir schwör ich ab.
Willst mich in Versuchung führen?
Meine Seele ist des Herrn,
meinen Leib geb ich dem Meer."

Tomou-o um anjo nos braços,
Não no deixou afogar.
Deu um estouro o demónio,
Acalmaram vento e mar;
E à noite a nau Catrineta
Estava em terra a varar.

Da nahm ihn ein Engel in die Arme
und ließ ihn nicht untergehn.
Krachend da zerbarst der Teufel.
Wind und Meer beruhigten sich,
und zur Nacht lag wohlbehalten
schon am Strand die Catrineta.

Almeida Garrett: Destino

Quem disse à estrela o caminho
Que ela há-de seguir no céu?
A fabricar o seu ninho
Como é que a ave aprendeu?
Quem diz à planta – «Florece!»
E ao mudo verme que tece
Sua mortalha de seda
Os fios quem lhos inreda?

Insinou alguém à abelha
Que no prado anda a zumbir
Se à flor branca ou à vermelha
O seu mel há-de ir pedir?
Que eras tu meu ser, querida,
Teus olhos a minha vida,
Teu amor todo o meu bem...
Ai! não mo disse ninguém.

Como no céu gira a estrela,
Como a abelha corre ao prado,
Como a todo o ente o seu fado
Por instinto se revela,
Eu no teu seio divino
Vim cumprir o meu destino...
Vim, que em ti só sei viver,
Só por ti posso morrer.

Almeida Garrett: Geschick

Wer hat dem Stern die Bahn gezeigt
der er am Himmel folgen soll?
Wo hat der Vogel je erlernt,
sein Nest zu bauen?
Wer sagt zur Pflanze «Blühe!»
und zur wortlosen Raupe, dass sie
ihr Totenhemd aus Seide webt
und mit den Fäden sich umwickelt?

Wer unterwies die Biene,
die summend auf der Wiese fliegt,
ob sie die weiße oder rote Blume
um Honig bitten soll?
Dass du mein Alles bist, Geliebte,
dass deine Augen all mein Leben,
dass deine Liebe all mein Gut...
mir hat das niemand je gesagt.

So wie der Stern am Himmel zieht,
die Biene nach der Wiese fliegt,
wie jedem Wesen seine Bestimmung
aus innerem Gebot bekannt ist:
So hab ich mein Geschick in deiner
Vollkommenheit vollendet...
Jawohl: in dir nur kann ich leben,
für dich nur kann ich sterben.

Almeida Garrett: Barca bela

Pescador da barca bela,
Onde vás pescar com ela,
Que é tão bela,
Oh pescador?

Não vês que a última estrela
No céu nublado se vela?
Colhe a vela,
Oh pescador!

Deita o lanço com cautela,
Que a sereia canta bela...
Mas cautela,
Oh pescador!

Não se inrede a rede nela,
Que perdido é remo e vela
Só de vê-la,
Oh pescador!

Pescador da barca bela,
Inda é tempo, foge dela,
Foge dela,
Oh pescador!

Almeida Garrett: Schönes Boot

Fischer mit dem schönen Boot,
wohin fährst du fischen?
Denn es ist so schön,
oh Fischer!

Siehst du, wie der letzte Stern
sich im Dunst verschleiert?
Hol die Segel ein,
oh Fischer!

Wirf das Netz behutsam aus!
Denn die Nixe singt so schön...
Ganz behutsam,
oh Fischer!

Wenn sie sich im Netzt verfängt,
sind verloren Ruder und Segel
schon bei ihrem Anblick,
oh Fischer!

Fischer mit dem schönen Boot,
noch ist Zeit. Drum flieh vor ihr,
flieh vor ihr,
oh Fischer!

João de Deus: Ossos do Ofício

Uma vez uma besta do tesouro,
   Uma besta fiscal,
Ia de volta para a capital,
Carregada de cobre, prata e ouro,
   E no caminho
Encontra-se com outra, carregada
   De cevada,
Que ia para o moínho.

Passa-lhe logo adiante
   Largo espaço.
Coleando arrogante
   E a cada passo
Repicando a choquilha,
Que se ouvia distante.

Mas salta uma quadrilha
   De ladrões,
   Como leões,
E qual mais presto
Se lhe agarra ao cabresto.

Ela reguinga, dá uma sacada,
   Já cuidando
Que desfazia o bando;
   Mas – coitada! –
Foi tanta a bordoada,
– Ah! – que exclamava enfim
   A besta oficial:

– Nunca imaginei tal!
   Tratada assim

João de Deus: Nachteile des Berufs

Einst ging ein Lasttier der Staatskasse
im Dienst des Steueramtes
zur Hauptstadt zurück,
beladen mit Kupfer, Silber und Gold.
Auf seinem Weg
trifft es ein anderes Lasttier,
das mit Gerste
auf dem Weg zur Mühle war.

Es überholt das andere und geht
weit vor ihm her,
den Kopf hochmütig hebend.
Bei jedem Schritt
läutet sein Glöckchen,
so dass man es weit hört.

Da springt eine Bande
von Räubern hervor,
wie Löwen,
und wie schnell
packen sie das Tier am Halfter!

Es wehrt sich und schlägt aus
und denkt schon,
es könne die Räuber loswerden.
Aber – armes Tier! –
die Stockschläge waren so schlimm,
dass das Diensttier
schließlich ausrief:

«Nie hätte ich gedacht,
derart behandelt zu werden

Uma besta real!
Mas aquela que vinha atrás de mim,
    Porque a não tratais mal?

– Minha amiga; cá vou no meu sossego,
    Tu tens um belo emprego!
Tu sustentas-te a fava, e eu a troços!
Tu lá serves El-rei, e eu um moleiro!
Eu acarreto grão, e tu dinheiro!
Ossos do ofício, que o não há sem ossos.

als königliches Tier!
Und das da hinter mir –
warum behandelt ihr es besser?

«Mein Freund, ich zieh nur meines Weges,
doch du hast einen schöneren Beruf.
Du lebst von Bohnen, ich von Strünken.
Du dienst dem König, ich dem Müller.
Ich trag Getreide, du trägst Geld.
Nachteile des Berufes sind in Kauf zu nehmen!

Antero de Quental: O Palácio da Ventura

Sonho que sou um cavaleiro andante.
Por desertos, por sóis, por noite escura,
Paladino do amor, busco anelante
O palácio encantado da Ventura!

Mas já desmaio, exausto e vacilante,
Quebrada a espada já, rota a armadura...
E eis que súbito o avisto, fulgurante
Na sua pompa e aérea formosura!

Com grandes golpes bato à porta e brado:
Eu sou o Vagabundo, o Deserdado...
Abri-vos, porta d'ouro, ante meus ais!

Abrem-se as portas d'ouro, com fragor...
Mas dentro encontro só, cheio de dor,
Silêncio e escuridão – e nada mais!

Antero de Quental: Das Schloss des Glücks

Mir träumt, ich sei ein fahrender Ritter.
Durch Wüsten, Sonnengluten, dunkle Nacht,
als Paladin der Liebe suche ich voll Sehnsucht
das Zauberschloss des Glücks.

Bereits der Ohnmacht nah, erschöpft und schwankend,
mein Schwert entzwei, zerschlagen meine Rüstung,
erblicke ich es plötzlich, seh es leuchten
in seiner Pracht und märchenhaften Schönheit!

Mit harten Schlägen klopfe ich ans Tor und rufe:
Ich bin verstoßen und enterbt.
Tu dich, du goldnes Tor, vor meinen Seufzern auf!

Da öffnet knarrend sich das goldene Tor.
Doch drinnen find ich nur, voll Schmerz,
Schweigen und Dunkelheit – sonst nichts!

Guerra Junqueiro: Regresso ao lar

Ai, há quanto tempo que eu parti chorando
Deste meu saudoso, carinhoso lar!...
Foi há vinte?... há trinta?... Nem eu sei já quando!...
Minha velha ama, que me estás fitando,
Canta-me cantigas para me eu lembrar!...

Dei a volta ao mundo, dei a volta à vida!...
Só achei enganos, decepções, pesar...
Oh! a ingénua alma tão desiludida!...
Minha velha ama, com a voz dorida,
Canta-me cantigas de me adormentar!...

Trago d'amargura o coração desfeito...
Vê que fundas mágoas no embaciado olhar!
Nunca ele sairá do meu ninho estreito!...
Minha velha ama que me deste o peito,
Canta-me cantigas para me embalar!...

Pôs-me Deus outrora no frouxel do ninho
Pedrarias d'astros, gemas de luar...
Tudo me roubaram, vê, pelo caminho!...
Minha velha ama, sou um pobrezinho...
Canta-me cantigas de fazer chorar!

Como antigamente, no regaço amado,
(Venho morto, morto!...) deixa-me deitar!
Ai, o teu menino como está mudado!
Minha velha ama, como está mudado!
Canta-me cantigas de dormir, sonhar!...

Canta-me cantigas, manso, muito manso...   82
Tristes, muito tristes, como à noite o mar...   83

Guerra Junqueiro: Heimkehr

Vor wie viel Jahren nahm ich weinend Abschied
von meinem wehmutvollen sanften Heim?
Vor zwanzig? dreißig? ach, ich weiß nicht mehr.
Du meine alte Amme schaust mich an,
sing du mir Lieder vor, damit ich mich erinnere!

Ich bin nur um die Welt gerannt, mein Leben lang.
Ich fand nur Irrtum, fand Enttäuschung, Kummer.
Oh die arglose, so enttäuschte Seele!
Du alte Amme mit der traurigen Stimme,
sing du mir Lieder, die mich schlafen lassen.

Ich bringe ein von Bitterkeit zerstörtes Herz.
Sieh nur den Schmerz in meinem matten Blick!
Nie wird er je mein karges Nest verlassen.
Du alte Amme, die du mir die Brust gegeben,
sing du mir Lieder, die mich wiegen!

Gott legte mir einst in den Flaum des Nestes
sternene Edelsteine, mondene Gemmen.
Das alles wurde mir geraubt auf meinem Weg.
Du alte Amme, schau, ich bin ein Bettler.
Sing du mir Lieder, die mich weinen machen!

Lass mich wie früher (denn ich komm erschöpft)
auf deinem lieben Schoß ausruhen!
Wie hat dein kleiner Junge sich verändert!
Ach alte Amme, schau, wie hat er sich verändert!
Sing du mir Lieder vor zum Schlafen, Träumen!

Sing du mir vor, ganz sachte, sachte,
sing traurige Lieder mir, wie nachts das Meer!

Canta-me cantigas para ver se alcanço
Que minh'alma durma, tenha paz, descanso,
Quando a morte, em breve, ma vier buscar!...

Sing Lieder und sieh zu, dass ich erreiche
für meine Seele Schlaf und Ruh und Frieden,
wenn sie der Tod bald von mir nimmt…

Cesário Verde: Ave-Marias

Nas nossas ruas, ao anoitecer,
Há tal soturnidade, há tal melancolia,
Que as sombras, o bulício, o Tejo, a maresia
Despertam-me um desejo absurdo de sofrer.

O céu parece baixo e de neblina,
O gás extravasado enjoa-me, perturba;
E os edifícios, com as chaminés, e a turba,
Toldam-se duma cor monótona e londrina.

Batem os carros de aluguer, ao fundo,
Levando à via-férrea os que se vão. Felizes!
Ocorrem-me em revista exposições, países:
Madrid, Paris, Berlim, S. Petersburgo, o mundo!

Semelham-se a gaiolas, com viveiros,
As edificações somente emadeiradas:
Como morcegos, ao cair das badaladas,
Saltam de viga em viga os mestres carpinteiros.

Voltam os calafates, aos magotes,
De jaquetão ao ombro, enfarruscados, secos;
Embrenho-me, a cismar, por boqueirões, por becos,
Ou erro pelos cais a que se atracam botes.

E evoco, então, as crónicas navais:
Mouros, baixéis, heróis, tudo ressuscitado!
Luta Camões no Sul, salvando um livro a nado!
Singram soberbas naus que eu não verei jamais!

E o fim da tarde inspira-me; e incomoda!   86
De um couraçado inglês vogam os escaleres;   87

Cesário Verde: Angelusläuten

In unseren Straßen, bei Einbruch der Nacht,
herrscht große Traurigkeit, große Melancholie:
Die Schatten, das Gedräng, der Tejo und der Tanggeruch
bewirken in mir den verrückten Wunsch, zu leiden.

Der Himmel scheint zu drücken, voller Dunst;
vom Duft der Gaslaternen wird mir schlecht;
die Schornstein-Häuser und die Menschenmenge
sind grau eintönig eingefärbt so wie in London.

Mietkutschen klappern dort am Straßenende
und bringen Reisende zum Bahnhof. Diese Glücklichen!
Mir fallen Galerien ein, und Länder:
Madrid, Paris, Berlin, Sankt Petersburg, die Welt!

Die Bauten in den Baugerüsten
sehn aus wie Käfige mit Volieren.
Über die Balken springen Zimmermeister
wie Fledermäuse, wenn die Glocken läuten.

Die Schiffsarbeiter, trüppchenweise, kehren heim,
mit Jacken über ihren Schultern, rußig, durstig.
Grübelnd verzieh ich mich in Uferstraßen, tote Gassen
oder ich irre an den Kais umher, an denen Boote liegen.

Ich rufe mir Chroniken von der Seefahrt ins Gedächtnis,
erwecke Mauren, Boote, Helden neu zum Leben.
Im Süden schwimmt Camões, um ein Buch zu retten.
Herrliche Schiffe segeln da, die ich nie sehen werde.

Das Tagesende belebt mich und belastet mich.
Die Jollen eines Briten-Kreuzers schwimmen draußen.

E em terra num tinir de louças e talheres
Flamejam, ao jantar, alguns hotéis da moda.

(...)

Vazam-se os arsenais e as oficinas;
Reluz, viscoso, o rio, apressam-se as obreiras;
E num cardume negro, hercúleas, galhofeiras,
Correndo com firmeza, assomam as varinas.

Vêm sacudindo as ancas opulentas!
Seus troncos varonis recordam-me pilastras;
E algumas, à cabeça, embalam nas canastras
Os filhos que depois naufragam nas tormentas.

(...)

An Land mit dem Geklapper von Geschirr
funkeln beim Abendessen modische Hotels.

(...)

Die Lagerhallen und Werkstätten leeren sich;
der Fluss glänzt träge, die Arbeiterinnen eilen.
In einem schwarzen Schwarm, gewaltig, schwatzend
erscheinen festen Schrittes die Fischfrauen.

Beim Gehen schwingen ihre breiten Hüften.
Ihr kräftiger Rumpf lässt mich an Säulen denken.
Ein paar von ihnen wiegen in den Körben auf dem Kopf
die Kinder, die dereinst in Stürmen Schiffbruch leiden.

(...)

Cesário Verde: De tarde

Naquele *pic-nic* de burguesas,
Houve uma coisa simplesmente bela,
E que, sem ter história nem grandezas,
Em todo o caso dava uma aguarela.

Foi quando tu, descendo do burrico,
Foste colher, sem imposturas tolas,
A um granzoal azul de grão-de-bico
Um ramalhete rubro de papoulas.

Pouco depois, em cima duns penhascos,
Nós acampámos, inda o Sol se via;
E houve talhadas de melão, damascos,
E pão-de-ló molhado em malvasia.

Mas, todo púrpuro a sair da renda
Dos teus dois seios como duas rolas,
Era o supremo encanto da merenda
O ramalhete rubro das papoulas!

Cesário Verde: Nachmittags

Bei jenem Pic-nic bürgerlicher Damen
da gabs was schlicht und einfach Schönes,
und ohne großes Aufsehn zu erregen,
wars immerhin ein Aquarell-Motiv.

Du stiegst vom Eselchen herab
und pflücktest ohne jede Eitelkeit
in einem blauen Feld von Kichererbsen
dir einen leuchtend roten Klatschmohnstrauß.

Ein wenig später ließen wir uns nieder
auf hohen Felsen, und die Sonne war noch da;
es gab Melonenscheiben, Aprikosen
und Biskuit, in Malvasier getaucht.

Da ragte purpurn aus dem Spitzenkleid
mit deinen Brüsten wie zwei Turteltauben
zur höchsten Wonne dieser Vesperzeit
der leuchtend rote Klatschmohnstrauß hervor.

António Nobre

Meus dias de rapaz, de adolescente,
Abrem a boca a bocejar sombrios:
Deslizam vagarosos, como os rios,
Sucedem-se uns aos outros, igualmente.

Nunca desperto de manhã, contente.
Pálido sempre com os lábios frios,
Oro, desfiando os meus rosários pios...
Fora melhor dormir, eternamente.

Mas não ter eu aspirações vivazes,
E não ter, como têm os mais rapazes,
Olhos boiando em sol, lábio vermelho!

Quero viver, eu sinto-o, mas não posso:
E não sei, sendo assim enquanto moço,
O que serei, então, depois de velho.

António Nobre

Die Tage meiner Kind- und Jünglingszeit
die tun den Mund nur auf zum faden Gähnen.
Sie strömen träg dahin wie Flüsse,
sie folgen aufeinander ohne Unterschied.

Nie wach ich morgens auf und bin zufrieden.
bleich und mit kalten Lippen bete ich
und lass die Rosenkränze durch die Finger gleiten.
Viel besser wärs, zu schlafen ewiglich.

Kein lebensvolles Streben in sich fühlen!
Nicht wie die meisten jungen Menschen
Augen voll Sonne, rote Lippen haben!

Ich spür, ich möchte leben. Doch ich kann nicht.
Ich frage mich: wenn ich als Junge schon so bin –
wie bin ich später dann, als alter Mann?

António Nobre: Canção da felicidade

Felicidade! Felicidade!
Ai quem ma dera na minha mão!
Não passar nunca da mesma idade,
Dos 25, do quarteirão.

Morar, mui simples, nalguma casa
Toda caiada, defronte o Mar;
No lume, ao menos, ter uma brasa
E uma sardinha pra nela assar...

Não ter fortuna, não ter dinheiro,
Papéis no Banco, nada a render:
Guardar, podendo, num mealheiro
Economias prò que vier.

Ir, pelas tardes, até à fonte
Ver as pequenas a encher e a rir,
E ver entre elas o Zé da Ponte
Um pouco torto, quase a cair.

António Nobre : Lied vom Glück

Glückseligkeit! Glückseligkeit!
Ach hätt ich sie in meiner Hand!
Ach müsst ich nie dies eine Alter
– ein Viertel vom Jahrhundert – überschreiten

Ganz einfach leben; irgendwo ein Haus,
nur weiß gekalkt, direkt am Meer gelegen;
im Feuerherd ein wenig Glut und eine
Sardine, sie darin zu grillen;

und kein Vermögen haben, weder Geld
noch Wertpapiere auf der Bank noch Zinsen;
in einer Büchse, wenn es möglich ist,
Erspartes aufbewahren für den morgigen Bedarf;

am Nachmittag zum Brunnen gehn,
die Mädchen sehn beim Wasserholen und Lachen,
und zwischen ihnen auch den Zé da Ponte,
ein bisschen krumm und wacklig auf den Beinen.

Camilo Pessanha: Canção da partida

Ao meu coração um peso de ferro
Eu hei-de prender na volta do mar.
Ao meu coração um peso de ferro...
    Lançá-lo ao mar.

Quem vai embarcar, que vai degredado,
As penas do amor não queira levar...
Marujos, erguei o cofre pesado,
    Lançai-o ao mar.

E hei-de mercar um fecho de prata.
O meu coração é o cofre selado.
A sete chaves: tem dentro uma carta...
– A última, de antes do teu noivado.

A sete chaves, – a carta encantada!
E um lenço bordado... Esse hei-de o levar,
Que é para o molhar na água salgada
No dia em que enfim deixar de chorar.

Camilo Pessanha: Abschiedslied

Ich hänge ein Gewicht aus Eisen an mein Herz
auf meiner Fahrt zur See.
Ans Herz häng ich mir ein Gewicht aus Eisen,
um es ins Meer zu werfen.

Wer übers Meer fährt, weil er in Verbannung geht,
soll seinen Liebeskummer nicht mitnehmen.
Matrosen, hebt die mächtige Kassette hoch,
werft sie ins Meer!

Ich kauf mir einen silbernen Verschluss.
Mein Herz ist die versiegelte Kassette,
dreifach verschlossen. Darin liegt ein Brief
– der letzte ists, vor deiner Hochzeit abgesandt.

Dreifach verschlossen, der verwunschene Brief.
Und ein gesticktes Taschentuch. Das nehm ich mit
und tauche es ins salzige Wasser
an dem Tag, da ich endlich nicht mehr weine.

Teixeira de Pascoaes: Além de mim

Quando o sol é um sorriso desfazendo
A escuridão soturna,
Nos meus olhos, também amanhecendo,
É beijo aceso a lágrima nocturna...
E quando a noite, espectro de outro mundo,
Por sobre a terra desce,
Todo o meu ser – tão pálido! – arrefece
E se torna sem margens e sem fundo...
Assim a minha vida é o fim das Cousas,
Seu estranho e fantástico destino!
As serras fragarosas
E o sol, astro divino,
Perderam-se no meu corpo em tempestade...
Meu corpo... ignoto mar;
Enlouquecida estátua de saudade,
A sonhar, entre nuvens, e a falar...
Que existe além de mim?
Silêncio, fria treva, solidão;
Um vago Azul sem fim,
A sombra da futura Criação...

Teixeira de Pascoaes: Jenseits von mir

Wenn denn die Sonne als ein Lächeln
die tiefe Dunkelheit vertreibt,
dann ist in meinen Augen, in der Morgenröte,
die nächtige Träne ein entflammter Kuss.
Und wenn die Nacht, Gesandtin einer anderen Welt
auf unsere Erde sinkt,
dann wird mein ganzes – blasses – Leben kalt
und büßt Konturen und Substanzen ein.
Mein Leben ist das Ende aller Dinge –
ein seltsames, phantastisches Geschick.
Die felsigen Gebirge,
die Sonne selbst, das göttliche Gestirn,
gehn auf in meinem Leib in einem Sturm.
Mein Leib: ein unbekanntes Meer;
Ein irres Monument der Sehnsucht;
es träumt nun zwischen Wolken, und es spricht:
Was existiert jenseits von mir?
Nur Schweigen, kaltes Dunkel, Einsamkeit,
die vage Himmelsbläue ohne Ende,
der Schatten einer künftigen Schöpfung.

Fernando Pessoa: Mar Português

Ó mar salgado, quanto do teu sal
São lágrimas de Portugal!
Por te cruzarmos, quantas mães choraram,
Quantos filhos em vão rezaram!
Quantas noivas ficaram por casar
Para que fosses nosso, ó mar!

Valeu a pena? Tudo vale a pena
Se a alma não é pequena.
Quem quer passar além do Bojador
Tem que passar além da dor.
Deus ao mar o perigo e o abismo deu,
Mas nele é que espelhou o céu.

Fernando Pessoa: Portugiesisches Meer

Oh salziges Meer, wie viel von deinem Salz
sind Tränen Portugals!
Wir haben dich durchquert. Wie viele Mütter weinten,
wie viele Kinder beteten vergebens,
wie viele Bräute blieben unvermählt,
damit du unser würdest, Meer!

Ob all die Mühe sich gelohnt hat? Alle Mühe lohnt sich,
wenn unsere Seele nicht kleinmütig ist.
wer das Kap Bojador bezwingen will,
muss erst den Schmerz besiegen.
Gott gab dem Meer Abgründe und Gefahren
und ließ es doch den Himmel widerspiegeln.

Fernando Pessoa: Liberdade

Ai que prazer
Não cumprir um dever,
Ter um livro para ler
E não o fazer!
Ler é maçada.
Estudar é nada.
O sol doira.
Sem literatura.

O rio corre, bem ou mal,
Sem edição original.
E a brisa, essa,
De tão naturalmente matinal,
Como tem tempo não tem pressa...

Livros são papéis pintados com tinta.
Estudar é uma coisa em que está indistinta
A distinção entre nada e coisa nenhuma.

Quanto é melhor, quando há bruma,
Esperar por D. Sebastião,
Quer venha ou não!

Grande é a poesia, a bondade e as danças...
Mas o melhor do mundo são as crianças,
Flores, música, o luar, e o sol, que peca
Só quando, em vez de criar, seca.

O mais do que isto
É Jesus Cristo,
Que não sabia nada de finanças
Nem consta que tivesse biblioteca...

Fernando Pessoa: Freiheit

Oh was für ein Vergnügen,
eine Pflicht nicht zu erfüllen!
Ein Buch lesen zu sollen
und es nicht zu tun!
Lesen ist langweilig.
Lernen hat keinen Sinn.
Die Sonne übergoldet alles
auch ohne Literatur.

Der Fluss, ob gut, ob schlecht, fließt seinen Weg
auch ohne Originalausgabe.
Und jene Brise,
so natürlich früh am Morgen:
Da sie Zeit hat, hat sie keine Eile.

Bücher – das ist Papier mit Tinte vollgekleckst.
Lernen – das heißt: Es geht nur um die Klärung
des Unterschieds von nichts und gar nichts.

Da kann man lieber, wenn es neblig ist,
auf Dom Sebastião warten:
Kommt er oder kommt er nicht?

Groß sind: die Poesie, die Güte und der Tanz.
Das Allerbeste aber sind: die Kinder,
Blumen, Musik, der Mond, die Sonne (die nur sündigt,
wenn sie, statt Leben zu erwecken, Dürre bringt).

Noch mehr als alles dies
ist Jesus Christus.
Er wusste überhaupt nichts von Finanzen,
und offenbar besaß er keine Bibliothek.

Fernando Pessoa : Quadras ao gosto popular

Cantigas de portugueses
São como barcos no mar –
Vão de uma alma para ourra
Com riscos de naufragar.

                *

Tome lá, minha menina,
O ramalhete que fiz.
Cada flor é pequenina,
Mas tudo junto é feliz.

                *

Andorinha que vais alta,
Por que não me vens trazer
Qualquer coisa que me falta
E que te não sei dizer?

                *

Saudades, só portugueses
Conseguem senti-las bem.
Porque têm essa palavra
Para dizer que as têm.

Fernando Pessoa: Vierzeiler im Volkston

Die Lieder der Portugiesen
sind wie Schiffe auf See.
Sie ziehn von Seele zu Seele
und können leicht untergehn.

*

Hier nimm, mein Fräulein,
den Strauß, den ich gepflückt.
Jedes Blümchen ist klein,
doch das Ganze ist geglückt.

*

Du Schwälbchen da oben,
warum bringst du mir nicht
das eine, was ich brauche
und dir nicht sagen kann?

*

Saudades – nur Portugiesen
können sie recht ermessen.
Nur sie besitzen dieses Wort,
um ihr Gefühl zu sagen.

Fernando Pessoa – Alberto Caeiro

Sou um guardador de rebanhos.
O rebanho é os meus pensamentos.
E os meus pensamentos são todos sensações.
Penso com os olhos e com os ouvidos
E com as mãos e os pés
E com o nariz e a boca.

Pensar uma flor é vê-la e cheirá-la
E comer um fruto é saber-lhe o sentido.

Por isso quando num dia de calor
Me sinto triste de gozá-lo tanto,
E me deito ao comprido na erva,
E fecho os olhos quentes,
Sinto todo o meu corpo deitado na realidade,
Sei a verdade e sou feliz.

Fernando Pessoa – Alberto Caeiro

Ich bin ein Hirte.
Die Herde sind meine Gedanken
und meine Gedanken allesamt Sinnesempfindungen.
Ich denke mit Augen und Ohren.
und Händen und Füßen
und Nase und Mund.

An eine Blume denken heißt, sie sehen und riechen,
und eine Frucht verzehren heißt, ihren Sinn erfassen.

Wenn ich daher an einem heißen Tage,
den ich so sehr genieße, mich traurig fühle,
mich der Länge nach auf den Rasen lege
und die erhitzten Augen schließe,
spüre ich meinen ganzen Körper,
kenne die Wahrheit und bin beglückt.

Übersetzung von Georg Rudolf Lind

Ali não havia eIectricidade.
Por isso foi à luz de uma vela mortiça
Que li, inserto na cama,
O que estava à mão para ler –
A Bíblia, em português (coisa curiosa!), feita para
   protestantes,
E reli a «Primeira Epístola aos Coríntios».
Em torno de mim o sossego excessivo de noite de província
Fazia um grande barulho ao contrário,
Dava-me uma tendência do choro para a desolação.
A «Primeira Epístola aos Coríntios»...
Relia-a à luz de uma vela subitamente antiquíssima,
E um grande mar de emoção ouvia-se dentro de mim...
Sou nada...
Sou uma ficção...
Que ando eu a querer de mim ou de tudo neste mundo?
«Se eu não tivesse a caridade».
E a soberana luz manda, e do alto dos séculos,
A grande mensagem com que a alma é livre...
«Se eu não tivesse a caridade»...
Meu Deus, e eu que não tenho a caridade!...

Fernando Pessoa - Álvaro de Campos

Dort hatten sie kein elektrisches Licht.
So las ich im Licht einer matten Kerze,
ins Bett verkrochen,
was zum Lesen zur Hand war –
die Bibel auf portugiesisch (wie seltsam!), für Protestanten
   bestimmt.
Und wieder las ich den «Ersten Brief an die Korinther».
Die übergroße Stille dieser Nacht auf dem Lande
wirkte widersprüchlicherweise laut,
brachte mich an den Rand der Tränen vor Trostlosigkeit.
Der «Erste Brief an die Korinther»...
Ich las ihn erneut im Licht einer Kerze, die plötzlich uralt
und ein großes Gefühlsmeer rauschte in mir...   schien,
Ich bin nichts...
Eine Einbildung bin ich...
Was will ich denn überhaupt von mir und von den Dingen
«Und hätte der Liebe nicht» ...   auf dieser Welt?
Das erhabene Licht entsendet, von der Höhe der Zeiten,
die große Botschaft, die der Seele die Freiheit schenkt...
«Und hätte der Liebe nicht»...
O Gott, und ich habe die Liebe nicht!...

Übersetzung von Georg Rudolf Lind

Fernando Pessoa – Ricardo Reis

Para ser grande, sê inteiro: nada
    Teu exagera ou exclui.
Sê todo em cada coisa. Põe quanto és
    No mínimo que fazes.
Assim em cada lago a lua toda
    Brilha, porque alta vive.

Fernando Pessoa – Ricardo Reis

Um groß zu sein, sei ganz: Nichts übertreibe
und nichts von dir verleugne!
Sei ganz in jedem Fall. Leg alles, was du bist,
in das Geringste, das du tust.
So glänzt in jedem See der ganze Mond:
Er steht hoch oben.

Mário de Sá-Carneiro: O recreio

Na minha Alma há um balouço
Que está sempre a balouçar –
Balouço à beira dum poço,
Bem difícil de montar...

– E um menino de bibe
Sobre ele sempre a brincar...

Se a corda se parte um dia,
(E já vai estando esgarçada),
Era uma vez a folia:
Morre a criança afogada...

– Cá por mim não mudo a corda
Seria grande estopada...

Se o indez morre, deixá-lo...
Mais vale morrer de bibe
Que de casaca... Deixá-lo
Balouçar-se enquanto vive...

– Mudar a corda era fácil...
Tal ideia nunca tive...

Mário de Sá-Carneiro: Der Spielplatz

In meiner Seele gibt es eine Schaukel,
die unaufhörlich schwingt –
Die Schaukel steht am Rande eines Brunnens,
es ist recht schwierig, draufzusteigen…

– Und nun ein Kind in einem Kittel,
das unaufhörlich auf ihr schaukelt…

Wenn das Seil eines Tages reißt
(es wetzt sich schon allmählich durch),
ist das nicht wirklich ganz verrückt:
Dann wird das Kind ertrinken…

– Ich freilich tausche das Seil nicht aus,
es wäre eine allzu große Mühe…

Und wenn der Kleine stirbt, lass ihn…
Besser im Kittel sterben
als im Frack… Lass ihn
noch schaukeln, solang er lebt.

– Das Seil austauschen wäre leicht…
doch das wär mir nie eingefallen…

Irene Lisboa

Os poetas cumprimentam-se, delicados.
Cada um com o seu metro, o seu espírito, a sua forma;
As suas credenciais...
Mas são simpáticos os poetas!
Sensíveis femininos, curiosos.
Envolve-os um mistério.
Não! Esta é a linguagem de toda a gente: o mistério...
Que mistério?
Os poetas são apenas reservados, são apenas...
Perturbados e capciosos.

Irene Lisboa

Die Dichter begrüßen sich höflich.
Ein jeder in seinem Versmaß, seinem Stil, seiner Art,
seinem besonderen Merkmal…
Aber sie sind angenehm, die Dichter!
Empfindsam, sanft wie Frauen, sonderbar.
Ein Geheimnis umfängt sie.
Nein, das ist ein Gemeinplatz: das Geheimnis…
Welches Geheimnis?
Die Dichter sind nur zurückhaltend, sind nur…
verwirrt und verfänglich.

Almada Negreiros: A noite rimada

Pela serra ao luar
Ia um menino sozinho
Sem sono pra se deitar.

Ia o menino a pensar
Porque seria ele só
Sem sono pra se deitar.

Ia o menino a pensar
Que há tanto por pensar
E a cidade a descansar

Ia o menino a pensar
Porque seria ele só
Sem sono pra se deitar.

Quem dorme sem ter pensado
Deve ter sono emprestado
Não é sono bem ganhado.

Ia o menino a pensar
Como poder arranjar
Muita força pra pensar

Ia o menino a arranjar
Muita força pra pensar
O próprio sonho ganhar.

Almada Negreiros: Nacht in Reimen

Über das Gebirge im Mondenschein
ging ein kleiner Junge allein
nicht müde um schon schlafen zu gehen.

Dabei dachte der kleine Junge
warum denn er allein
nicht müde sei, schon schlafen zu gehen.

Dabei dachte der kleine Junge
dass es so vieles zu bedenken gibt
und die Stadt dabei schlummere.

Dabei dachte der kleine Junge
warum denn er allein
nicht müde sei, schon schlafen zu gehen.

Wer schläft, ohne erst einmal nachzudenken
hat seinen Schlaf wohl nur geborgt;
das ist kein wohlverdienter Schlaf.

So überlegte der kleine Junge
wie er viel Kraft finden könnte
um nachzudenken.

Dabei suchte der kleine Junge
viel Kraft, nachzudenken,
um sich seinen eigenen Traum zu verdienen.

Florbela Espanca : Vaidade

Sonho que sou a Poetisa eleita,
Aquela que diz tudo e tudo sabe,
Que tem a inspiração pura e perfeita,
Que reúne num verso a imensidade !

Sonho que um verso meu tem claridade
Para encher todo o mundo ! E que deleita
Mesmo aqueles que morrem de saudade !
Mesmo os de alma profunda e insatisfeita !

Sonho que sou Alguém cá neste mundo…
Aquela de saber vasto e profundo,
Aos pés de quem a terra anda curvada !

E quando mais no céu eu vou sonhando,
E quando mais no alto ando voando,
Acordo do meu sonho… E não sou nada !…

Florbela Espanca: Eitelkeit

Ich träume, ich wär die auserwählte Dichterin,
die, die alles sagt und alles weiß,
und mit der reinen und vollkommenen Eingebung
in einem Vers die Unermesslichkeit umfasst.

Ich träume, mein Vers hätte die Klarheit
die ganze Welt zu durchdringen! Und selbst die
mit Freude zu erfüllen, die vor Sehnsucht sterben.
Selbst die, die eine tiefe, unstillbare haben

Ich träume, ich wär jemand in dieser Welt…
Jemand mit großem, tiefen Wissen,
vor dessen Füßen die Erde sich verbeugt.

Und wenn ich immer mehr vom Himmel träume,
und hoch hinauf in große Höhen fliege,
erwache ich aus meinem Traum… und bin doch nichts…

Florbela Espanca: Amar!

Eu quero amar, amar perdidamente!
Amar só por amar: Aqui... além...
Mais Este e Aquele, o Outro e toda a gente...
Amar! Amar! E não amar ninguém!

Recordar? Esquecer? Indiferente!...
Prender ou desprender? É mal? É bem?
Quem disser que se pode amar alguém
Durante a vida inteira é porque mente!

Há uma Primavera em cada vida:
É preciso cantá-la assim florida,
Pois se Deus nos deu voz, foi para cantar!

E se um dia hei-de ser pó, cinza e nada
Que seja a minha noite uma alvorada,
Que me saiba perder... pra me encontrar...

Florbela Espanca: Lieben!

Ich möchte lieben, lieben ohne Maß!
lieben nur um zu lieben: Hier... und dort...
noch diesen und noch jenen, und noch einen anderen, alle...
Lieben! Lieben! Und niemanden lieben!

Erinnern? Vergessen? Alles einerlei!...
Sich binden oder lösen? Ist es schlecht? Ist es gut?
Wer sagt, man könne einen Einzigen
ein ganzes Leben lieben, ist ein Lügner.

In jedem Leben gibt es einen Frühling:
Man muss ihn doch, solange er blüht, besingen.
Wenn Gott uns eine Stimme gab, dann doch zum Singen!

Bin ich dann eines Tages Asche, Staub und Nichts
Soll meine Nacht ein Morgendämmern sein,
in dem ich mich verlieren kann... und wieder finden...

António Botto

Meu amor na despedida
Nem uma fala me deu;
Deitou os olhos ao chão
Ficou a chorar mais eu.
Demos as mãos na certeza
De que as dávamos amando;
Mas, ai!, aquela tristeza
Que há sempre neste «Até quando»,
– Numa lágrima surgiu
E pela face correu...
Nada pudemos dizer,
Ficou a chorar mais eu.

António Botto

Meine Liebste beim Abschied,
kein Wort hat sie an mich gerichtet;
sie schlug ihre Augen nieder
und weinte dabei, genau wie ich.
Wir reichten uns die Hand, und waren sicher,
dass es aus Liebe geschah:
Oh weh, die Traurigkeit
liegt stets in dem « Bis wann? »
Sie stieg in einer Träne auf
und lief ihr über das Gesicht...
Wir konnten uns nichts sagen,
sie weinte dabei, genau wie ich.

Cabral do Nascimento: O livro e a flor

Um livro volumoso
De alta cogitação.
Obra de autor famoso.
Estilo precioso.
Boa encadernação.

Dentro jaz uma flor
Silvestre, que resume
Algum antigo amor.
Seca, perdeu a cor.
Morta não tem perfume.

Livro feito em Paris.
Mudo, porém. É bela
Sòmente, ali, aquela
Mirrada flor singela
Que alguma coisa diz.

Cabral do Nascimento: Das Buch und die Blume

Ein dickes Buch
mit erhabenen Gedanken.
Das Werk eines berühmten Autors.
Erlesener Stil.
Guter Einband.

Darin liegt eine wilde
Blume, die für
irgendeine alte Liebe steht.
Getrocknet, die Farbe hat sie verloren.
Tot ist sie, ohne Duft.

Ein Buch, in Paris gemacht.
Doch stumm. Schön
ist sie nur hier, die
verdorrte schlichte Blume,
die etwas zu erzählen hat.

Cabral do Nascimento: Natal Africano

Não há pinheiros nem há neve,
Nada do que é convencional,
Nada daquilo que se escreve
Ou que se diz... Mas é Natal.

Que ar abafado! A chuva banha
A terra, morna e vertical.
Plantas da flora mais estranha,
Aves da fauna tropical.

Nem luz, nem cores, nem lembranças
Da hora única e imortal.
Somente o riso das crianças
Que em toda a parte é sempre igual.

Não há pastores nem ovelhas,
Nada do que é tradicional.
As orações, porém, são velhas
E a noite é Noite de Natal.

Cabral do Nascimento: Afrikanische Weihnacht

Es gibt weder Kiefern noch Schnee,
nichts von dem, was üblich ist,
nichts von dem, was man schreibt
oder sagt… Doch es ist Weihnachten.

Schwül ist die Luft! Der Regen fällt
warm und senkrecht zur Erde.
Pflanzen ganz fremder Art,
Vögel der tropischen Fauna.

Weder Licht noch Farben noch Erinnerungen
an die eine unvergängliche Stunde.
Nur das Lachen der Kinder,
das überall stets gleich ist.

Es gibt weder Hirten noch Schafe,
Nichts von dem, was überliefert ist.
Doch die Gebete sind alt,
und der Abend ist Heiligabend.

Vitorino Nemésio: A concha

A minha casa é concha. Como os bichos.
Segreguei-a de mim com paciência:
Fachada de marés, a sonho e lixos;
O horto e os muros – só areia e ausência.

Minha casa sou eu e os meus caprichos.
O orgulho carregado de inocência
Se às vezes dá uma varanda, vence-a
O sal que os santos esboroou nos nichos.

E telhados de vidro, e escadarias
Frágeis, cobertas de hera – oh bronze falso! –
Lareira aberta ao vento, as salas frias.

A minha casa... Mas é outra a história:
Sou eu ao vento e à chuva, aqui descalço,
Sentado numa pedra de memória.

Vittorino Nemésio: Die Muschel

Mein Haus ist eine Muschel. Wie die Tiere hab
ich sie geduldig abgesondert:
Fassade von Ebbe und Flut aus Traum und Müll;
Gärtchen und Mauern – nichts als Sand und Fernsein.

Mein Haus, das bin nur ich und meine Launen.
Sein Stolz ist vollgepackt mit Unschuld.
Wenn es eine Veranda bildet, wird sie überwunden
vom Salz, das Heiligenfiguren bröckeln ließ.

Dächer aus Glas und Treppenhäuser
efeu-bewachsene, brüchige – oh falsche Bronze!
Zum Wind hin offener Kamin und kalte Zimmer.

Mein Haus... Die Sache ist jedoch ganz anders:
Ich bin es, barfuß hier in Wind und Regen,
und sitz auf einem Feldstein aus Erinnerung.

José Régio: Posse

Não quero dinheiro
Dinheiro meu, – não.
Se há fome no mundo,
Queimar-me-ia a mão.

Quero é a borboleta
Que no ar adeja.
Tem oiro nas asas,
Ninguém lho deseja.

Ter a borboleta
Foi fechar a porta:
Pegou-se-me aos dedos,
Ficou-me ali morta…

José Régio: Besitz

Ich will kein Geld besitzen,
kein eigenes – oh nein!
Es gibt noch Hunger auf der Welt:
da würde mir die Hand verbrennen.

Ich will dafür den Schmetterling,
der in den Lüften flattert.
Er hat Gold auf den Flügeln,
das niemand sonst begehrt.

Den Schmetterling besitzen
das hieß: die Türe schließen.
Verfangen in meinen Fingern
ging er zugrunde mir …

José Régio: Cantar de Amigo

À beira do rio fui dançar... Dançando
Me estava entretendo,
Muito a sós comigo.
Quando na outra margem, como se escondendo
Para que eu não visse que me estava olhando,
Por entre os sálgueiros vi o meu amigo.

Vi o meu amigo, cujos olhos tristes
Certo se alegravam
De me ver dançar.
Fui largando as roupas que me embaraçavam.
Fui soltando as tranças... Olhos que me vistes,
Doces olhos tristes, não n-o ireis contar!

Que o amor é lume bem eu sei... que logo
Que vi meu amigo
Por entre os salgueiros.
Melhor eu dançava, já não só comigo,
Toda num quebranto, ao mesmo tempo em fogo.
Melhor eu movia mãos e pés ligeiros.

Que Deus me perdoe, que aos seus olhos tristes
Assim ofertava
Minha formosura!
Se não fora o rio que nos separava,
Cruel com nós ambos, olhos que me vistes.
Nem eu me amostrara tão de mim segura...

José Régio: Frauenlied

Am Flussgestade ging ich tanzen… und am Tanz
vergnügte ich mich,
ganz allein mit mir.
Da sah ich gegenüber sich verstecken
– damit ich nicht bemerkte, dass er durch die Weiden
hindurch mich sah – da sah ich meinen Freund.

Sah meinen Freund, für dessen traurige Augen es
bestimmt sehr schön war,
meinen Tanz zu sehen.
Ich legte nach und nach die Kleider ab, sie störten mich,
und löste meine Zöpfe auf… Ihr Augen, die mich sahen,
ihr traurig sanften Augen, sagts nicht weiter!

Ich weiß es wohl: die Liebe ist ein Feuer… denn
kaum sah ich meinen Freund
zwischen den Weiden durch,
da tanzte ich viel besser, nicht mehr nur mit mir.
Verzaubert und zugleich entflammt, bewegte ich
mich besser: Hände, Füße waren leicht.

Verzeih mir Gott, dass ich den traurigen Augen
so dargeboten habe
meine Schönheit!
Wär nicht der Fluss gewesen, der uns trennte,
grausam zu mir und ihm (ihr Augen, die mich sahen!)
hätt ich mich nicht gezeigt, so sicher meiner selbst…

António Gedeão: Pedra filosofal

Eles não sabem que o sonho
é uma constante da vida
tão concreta e definida
como outra coisa qualquer,
como esta pedra cinzenta
em que me sento e descanso,
como este ribeiro manso
em serenos sobressaltos,
como estes pinheiros altos
que em verde e oiro se agitam,
como estas aves que gritam
em bebedeiras de azul.

(...)

Eles não sabem, nem sonham,
que o sonho comanda a vida.
Que sempre que um homem sonha
o mundo pula e avança
como bola colorida
entre as mãos de uma criança.

António Gedeão: Stein der Weisen

Die Leute wissen gar nicht, dass der Traum
eine Bedingung des Lebens ist
so greifbar und bestimmt
wie irgend etwas anderes,
wie dieser graue Stein,
auf dem ich sitze, um mich auszuruhen,
wie dieser stille Bach
mit seinen sanften Sprüngen,
wie diese hohen Kiefern,
die sich im grünen Golde wiegen,
wie diese Vögel, die laut singen,
berauscht vom Himmelsblau.

(...)

Sie wissen nicht, noch träumen sie,
dass unser Leben traum-bestimmt ist,
dass immer, wenn wer träumt,
die Welt aufspringt und vorwärts hüpft
gleich einem bunten Ball
in den Händen eines Kindes.

Miguel Torga: Instrução primária

Não saibas: imagina...
Deixa falar o mestre, e devaneia...
A velhice é que sabe, e apenas sabe
Que o mar não cabe
Na poça que a inocência abre na areia.

Sonha!
Inventa um alfabeto
De ilusões...
Um á-bê-cê secreto
Que soletres à margem das lições...

Voa pela janela
De encontro a qualquer sol que te sorria!
Asas? Não são precisas
Vais ao colo das brisas,
Aias da fantasia...

Miguel Torga: Elementarunterricht

Zu wissen brauchst du nicht. Gebrauche die Fantasie!
Lass nur den Lehrer reden! Träume!
Das Alter weiß zwar, aber es weiß nur:
Das Meer passt nie in eine Mulde,
das Unschuld in den Strand gegraben hat.

Träume!
Erfinde ein Alphabet
aus Einbildungen,
ein geheimes ABC!
Das buchstabier im Unterricht für dich allein!

Flieg aus dem Fenster
auf irgendeine Sonne zu, die dich anlächelt!
Flügel? Brauchst du nicht:
Lass dich von sanften Lüften wiegen,
den Ammen aller Fantasie!

Miguel Torga: Liberdade

– Liberdade, que estais no céu...
Rezava o padre nosso que sabia,
A pedir-te, humildemente,
O pão de cada dia.
Mas a tua bondade omnipotente
Nem me ouvia.

– Liberdade, que estais na terra...
E a minha voz crescia
De emoção.
Mas um silêncio triste sepultava
A fé que ressumava
Da oração.

Até que um dia, corajosamente,
Olhei noutro sentido, e pude, deslumbrado,
Saborear, enfim,
O pão da minha fome.
– Liberdade, que estais em mim,
Santificado seja o vosso nome.

Miguel Torga: Freiheit

– Freiheit, die du bist im Himmel…
Ich betete das Vaterunser, wie ichs kannte,
und bat dich ganz bescheiden
um unser täglich Brot.
Doch deine allmächtige Güte
erhörte mich nicht.

– Freiheit, die du bist auf Erden…
Meine Stimme wurde lauter
vor Erregung.
Doch trauriges Schweigen überwälzte
den Glauben, der emporgestiegen war
aus dem Gebet.

Bis ich dann eines Tages mutig
in eine andere Richtung sah und endlich
mit Staunen schmecken konnte
das Brot meines Hungers.
– Freiheit, die du bist in mir,
geheiligt werde dein Name.

Adolfo Casais Monteiro: Fado

Música triste
desenganado
canto nocturno
a pouco e pouco
vai penetrando
meu coração.

Nocturna prece
ou pesadelo
não sei que sombra
aquele canto
em mim deixou.

Febre ou cansaço?
Não sei. Nem quero.
Lúgubre pranto
de roucas vozes
não tem beleza
– só emoção.

É como um eco
de noites mortas
de vidas gastas
ao deus-dará.

Mas eu o recebo
dentro de mim.
Entendo. Choro.
Eu o recebo
como um irmão!

Adolfo Casais Monteiro: Fado

Traurige Musik,
hoffnungsloser
nächtlicher Gesang,
nach und nach
dringt er
in mein Herz.

Nächtliches Gebet
oder Alptraum?
Ich weiß nicht, welchen Schatten
der Gesang
in mir hinterließ.

Fieber oder Erschöpfung?
Ich weiß nicht, will nicht wissen.
Düstere Klage
heiserer Stimmen
– ohne Schönheit,
nur voll Gefühl.

Er ist wie ein Echo
toter Nächte
aufs Geratewohl
vergeudeter Leben.

Doch ich nehm ihn auf
in mein Innerstes.
Ich versteh und weine.
Ich nehm ihn auf
wie einen Bruder.

Manuel da Fonseca: Mataram a tuna!

Nos domingos antigos do bibe e pião
saía a Tuna do Zé Jacinto
tangendo violas e bandolins
tocando a marcha Almadanim.

Abriam janelas meninas sorrindo
parava o comércio pelas portas
e os campaniços de vir à vila
tolhendo os passos escutando em grupo
Moços da rua tinham pé leve
o burro da nora da Quinta Nova
espetava orelhas apreensivo
Manuel da Água punha gravata!
Tudo mexia como acordado
ao sam da marcha Almadanim
cantando a marcha Almadanim.

Quem não sabia aquilo de cor?
A gente cantava assobiava aquilo de cor...
(só a Marianita se enganava
ai só a Marianita se enganava
e eu matava-me a ensinar...)
que eu sabia de cor
inteirinha de cor
e para mim domingo não era domingo
era a marcha Almadanim!

Entanto as senhoras não gostavam
faziam troça dizendo coisas
e os senhores também não gostavam
faziam má cara para a Tuna:

Manuel da Fonseca: Sie haben die Musikkapelle umgebracht

Am Sonntag – wir in Kitteln, Kreisel spielend –,
damals zog die Kapelle Zé Jacintos aus;
auf Mandolinen und Gitarren wurde da
gezupft, gespielt der Marsch Almadanim.

Die Mädchen machten froh die Fenster auf;
in Ladentüren blieben die Verkäufer stehn;
die Bauern, die im Städtchen weilten,
versperrten grüppchenweis den Weg und hörten zu;
die Gassenjungen hüpften leicht dahinter her;
der Schöpfrad-Esel von der Quinta Nova
der machte ängstlich seine Ohren spitz;
Manuel da Água band sich einen Schlips um!
und alle Welt bewegte sich im Takt
zum Klang der Marschmusik
und sang den Marsch Almadanim.

Wer hätte den nicht gut gekonnt!
Auswendig sangen, pfiffen ihn die Leute
(nur die Marianita sang ihn falsch,
ach, nur die Marianita sang ihn falsch,
so sehr ich ihn ihr einzubleuen suchte).
Ich konnte ihn auswendig,
ganz und gar auswendig.
Der Sonntag war für mich kein Sonntag;
er war der Marsch Almadanim!

Die Damen konnten ihn nicht leiden;
sie spotteten und redeten daher;
und ebenso gefiel er nicht den Herren;
verdrossen blickten die auf die Kapelle:

– que era indecente aquela marcha
parecia até coisa de doidos:
não era música era raiva
aquela marcha Almadanim.

Mas Zé Jacinto não desistia.
Vinha domingo e a Tuna na rua
enchendo a rua enchendo as casas.
Voavam fitas coloridas
raspavam notas violentas
rasgava a Tuna o quebranto da vila
tangendo nas violas e bandolins
a heróica marcha Almadanim!

Meus companheiros antigos do bibe e pião
agora empregados no comércio
desenrolando fazenda medindo chita
agora sentados
dobrados nas secretárias do comércio
cabeças pendidas jovens-velhinhos
escrevendo no Deve e Haver somando somando
na vila quieta
sem vida
sem nada
mais que o sossego das falas brandas...

- onde estão os domingos amarelos verdes azuis encarnados
vibrantes tangidos bandolins fitas violas gritos
da heróica marcha Almadanim?!

Ó meus amigos desgraçados
se a vida é curta e a morte infinita
despertemos e vamos   144
eia!   145

Er sei geschmacklos, dieser Marsch,
er klinge wie das Treiben von Verrückten;
der sogenannte Marsch Almadanim
sei nicht Musik – er sei Geplärr.

Doch Zé Jacinto gab nicht auf.
Der Sonntag kam, und die Kapelle
erfüllte, Haus um Haus, die Straße.
Die bunten Bänder flatterten,
die Töne kratzten mächtig. Die Kapelle
entriss das Städtchen seiner Trägheit;
sie zupfte auf den Mandolinen und Gitarren
den heldenhaften Marsch Almadanim.

Die einstigen Gefährten in den Kitteln
und mit den Kreiseln, die sind jetzt Verkäufer,
entrollen Ballen Stoff und messen Ware ab;
und andere, die beugen
sich über ihren Schreibtisch im Büro,
kopfhängerische junge Greise,
verbuchen Soll und Haben, zählen, rechnen
in ihrem müden Städtchen
ohne Leben,
mit nicht viel mehr
als ruhigem, belanglosem Gerede.

Wo sind die Sonntage, die gelben, grünen, blauen, roten,
die zitternden Gitarren, Mandolinen, Bänder, Schreie
vom heldenhaften Marsch Almadanim?

Ach meine armen Freunde, wenn
das Leben kurz ist und der Tod unendlich,
dann sollten wir erwachen und losziehen,
auf!

vamos fazer qualquer coisa de louco e heróico
como era a Tuna do Zé Jacinto
tocando a marcha Almadanim!

Lasst uns etwas Verrücktes, Heldenhaftes tun,
wie früher die Kapelle Zé Jacintos,
als sie den Marsch Almadanim noch spielte.

Ruy Cinatti: A cega-rega

Meus pés desandam em tontas pontas
sobre campos de amarelecido milho
lá longe entre colinas e savanas
de árvores de glaucas folhas, brancos os troncos.
De tanto dançar perdi a conta
dos anos e drogo-me de música.
Uma flauta canta e o seu soprador
é um velho ágil que me tem amor
no meu Timor, adorada ilha...

(Não verei mais a ilha dos veados,
Jaco chamada, onde morrem de sede
meus sonhos, as minhas realidades,
como se falasse contra uma parede
e de longe molhasse os lábios numa fonte seca...)

Ruy Cinatti: Zikadengesang

Auf trunkenen Zehenspitzen wende ich die Füße
zu Feldern mit goldgelbem Mais,
ganz ferne, zwischen Hügeln und Savannen,
zu Blumen mit blaugrünen Blättern, weißen Stämmen.
Vom vielen Tanzen kann ich nun nicht mehr
die Jahre zählen; ich bin von Musik berauscht,
vom Flötenspiel; der Spielmann
ist ein geübter Alter, der mich mag
– auf meiner heiß geliebten Insel Timor...

(Ich werde nie mehr Jaco sehn, die Insel
der Hirsche; hier verdursten mir
die Träume und die Wirklichkeiten;
mir ist, ich spräche gegen eine Wand und netzte
von ferne meine Lippen an versiegter Quelle...)

Sophia de Mello Breyner: Praia

Os pinheiros gemem quando passa o vento
O sol bate no chão e as pedras ardem.

Longe caminham os deuses fantásticos do mar
Brancos de sal e brilhantes como peixes.

Pássaros selvagens de repente,
Atirados contra a luz como pedradas,
Sobem e morrem no céu verticalmente
E o seu corpo é tomado nos espaços.

As ondas marram quebrando contra a luz
A sua fronte ornada de colunas.

E uma antiquíssima nostalgia de ser mastro
Baloiça nos pinheiros.

Sophia de Mello Breyner: Strand

Die Kiefern seufzen, wenn der Wind hineinfährt;
die Sonne heizt den Boden, und die Steine glühen.

Dort draußen wandeln unwirkliche Meeres-Götter,
salzweiß, wie Fische leuchtend.

Wilde Vögel plötzlich,
wie Steine gegen das Licht geworfen,
schwingen sich auf, zu sterben steil im Himmel;
in weite Räume werden ihre Körper heimgeholt.

Die Wellen stoßen prall gegen das Licht,
die Stirnen aufgeputzt mit Säulen.

Eine uralte Sehnsucht, Mast zu sein,
wiegt sich in hohen Kiefern.

Sophia de Mello Breyner:
Retrato de uma princesa desconhecida

Para que ela tivesse um pescoço tão fino
Para que os seus pulsos tivessem um quebrar de caule
Para que os seus olhos fossem tão frontais e limpos
Para que a sua espinha fosse tão direita
E ela usasse a cabeça tão erguida
Com uma tão simples claridade sobre a testa
Foram necessárias sucessivas gerações de escravos
De corpo dobrado e grossas mãos pacientes
Servindo sucessivas gerações de príncipes
Ainda um pouco toscos e grosseiros
Ávidos cruéis e fraudulentos

Foi um imenso desperdiçar de gente
Para que ela fosse aquela perfeição
Solitária exilada sem destino

Sophia de Mello Breyner:
Bildnis einer unbekannten Prinzessin

Damit sie solchen schlanken Hals bekäme
und solche Handgelenke zart wie Blumenstengel,
damit ihr Aug so frei und strahlend blickte,
damit ihr Rückgrat so gerade würde
und sie ihr Haupt so hoch erhoben trüge
mit solch einfacher Klarheit auf der Stirn:
da waren Generationen Sklaven nötig
mit krummen Körpern und geduldigen Fäusten,
die Generationen Fürsten dienten,
die anfangs ungeschliffen waren, grob,
habgierig, grausam und betrügerisch.

Es wurden massenweise Menschen drangegeben,
dass die Prinzessin so vollkommen wurde,
so einsam, so verbannt, so ohne Schicksal.

Fernando Namora

Foi hoje um domingo bonito, Cassilda !
A sanfona correu o lugar de lés a lés.
– Quem deu pelas histórias dos velhos?
Ninguém.

Quem ouviu a fome do gado, preso no curral?
Ninguém.
Quem espantou as galinhas, debicando nos cachos?
Ninguém.
Na venda, houve surra, abriram cabeças.
E farnéis na charneca e dança
no sobrado da tua avó.
O brasileiro trouxe aquela caixa que tem música
e modas di lá.
Tudo foi bonito, Cassilda !
Vem banhar-te na alegria
das penas adormecidas.
Deixa o amanhã.

Fernando Namora

Das war ein schöner Sonntag heut, Cassilda!
Der Leierkastenmann zog durch den ganzen Ort.
Wer achtete da noch auf die Erzählungen der Alten?
Kein Mensch.

Wer hörte noch die eingesperrten Kühe brüllen?
Kein Mensch
Wer scheuchte noch die Hühner von den Trauben weg?
Kein Mensch.
Im Wirtshaus gab es Streit und eingeschlagene Köpfe,
und auf der Heide gab es mitgebrachtes Essen,
und bei Großmutter in der Diele gab es Tanz.
Den Kasten mit Musik und Liedern hat der Brasilianer
von drüben mitgebracht.
Es war doch alles schön, Cassilda!
Komm her und tauche in die Freude ein,
dass alle Sorgen heut vergessen sind!
Denk nicht an morgen!

Jorge de Sena: Cadastrado

Uma vez, aos sete anos,
partiu à pedrada a lanterna da porta da igreja.

Dez anos depois, conduzindo um carro,
não parou num cruzamento de rua
onde havia um sinal de *stop*.

Dois anos depois, teve uma briga
num bar, e partiu a cabeça de um amigo
com uma garrafa de cerveja.

Quando se recusou a combater no *Viet-Nam*,
o seu cadastro provava como desde a infância,
sempre manifestara sentimentos
nitidamente de traidor à pátria.

Jorge de Sena: Vorbestraft

Vor langer Zeit, mit sieben Jahren,
warf er mit einem Stein die Kirchentür-Laterne ein.

Zehn Jahre später, als er mit dem Auto fuhr,
da hielt er nicht an einer Straßenkreuzung,
an der ein Stopschild stand.

Zwei Jahre danach, bei einer Schlägerei
in einer Bar, zerschlug er einem Freund den Schädel
mit einer Bierflasche.

Als er sich weigerte, in Vietnam zu kämpfen
belegte seine Akte: Schon von Kindheit an
hat sich bei ihm eindeutig die Gesinnung
des Vaterlandsverräters offenbart.

Sidónio Muralha: O homem dos Balões

No Jardim da Estrela, quando estrelas havia
e sonhos nos alçapões,
havia um espantalho carregado de poesia,
havia o homem dos balões.

Ele vendia a alegria, vendia
a confiança no sorriso breve
de cada balão que subia
colorido e leve.

No Jardim da Estrela, quando estrelas havia,
havia a ternura, havia o afago
do homem que vendia, vendia
balões à beira do lago.

E a vida dançava, a vida corria
nas translúcidas canções
dos garotos que bebiam a poesia
e que compravam os balões.

Na curva do caminho aquele dia
ficou parado, de granito, na postura
de quem quebrou a flauta e a melodia
– só a lembrança perdura.

Perdura a lembrança e a água fria
da ânfora, equilibrada fragrância
que no ar ondulava e estremecia
quando a infância era infância.

E quando o homem dos balões vivia,
quando num fio balançava

Sidónio Muralha: Der Ballonverkäufer

Im «Sternenpark», als es noch Sterne gab
und Träume hinter den geheimnisvollen Türen,
da gab es eine Vogelscheuche voller Poesie
und gab es den Ballonverkäufer.

Er hatte Freude zu verkaufen, er verkaufte
Vertrauen auf das kurze Lächeln
jedes Ballons, der aufstieg,
bunt und leicht.

Im «Sternenpark», als es noch Sterne gab,
da gab es die Zuneigung, gabs die Zärtlichkeit
des Mannes, der Ballone zu verkaufen hatte
am Rand des Sees.

Das Leben tanzte, und das Leben füllte,
erfüllte die hell klingenden Gesänge
der Lausejungen, die von Poesie betrunken
Ballone kauften.

Dort an der Parkweg-Biegung kam er nun
zur Ruhe: aus Granit, in der Gebärde
des Mannes, dem die Flöte und das Lied zerbrach
– nur die Erinnerung lebt weiter.

Sie lebt noch – wie das kühle Wasser aus
dem Tonkrug: wunderbarer Duft,
der in der Luft hing und vibrierte,
als Kindheit wirklich Kindheit

und der Ballonverkäufer noch am Leben war,
als er an einer Schnur

toda aquela simpatia
que ele trazia e nos dava.

No Jardim da Estrela, quando estrelas havia,
e sonhos nos alçapões,
havia um espantalho carregado de poesia,
havia o homem dos balões.

die ganze Menschenliebe schaukeln ließ,
die er mitbrachte und uns gab.

Im « Sternenpark », als es noch Sterne gab
und Träume hinter den geheimnisvollen Türen,
da gab es eine Vogelscheuche voller Poesie
und gab es den Ballonverkäufer.

Eugénio de Andrade: Canção

Tinha um cravo no meu balcão;
  veio um rapaz e pediu-mo
  – mãe, dou-lho ou não?

Sentada, bordava um lenço de mão;
  veio um rapaz e pediu-mo
  – mãe, dou-lho ou não?

Dei um cravo e dei um lenço,
  só não dei o coração;
  mas se o rapaz mo pedir
  – mãe, dou-lho ou não?

Eugénio de Andrade: Lied

Ich hatte eine Nelke stehn auf dem Balkon.
Da kam ein junger Mann, und der begehrte eine Nelke.
Sag, Mutter, geb ich sie ihm oder nicht?

Dann stickte ich einmal ein Taschentuch.
Da kam der junge Mann, und der begehrte es von mir.
Sag, Mutter, geb ich es ihm oder nicht?

Ich gab die Nelke und ich gab das Taschentuch,
allein – ich gab ihm nicht mein Herz.
Doch wenn der junge Mann mein Herz von mir begehrt,
sag, Mutter, geb ich es ihm oder nicht?

Eugénio de Andrade: Lisboa

Alguém diz com lentidão:
«Lisboa, sabes...»
Eu sei. É uma rapariga
descalça e leve,
um vento súbito e claro
nos cabelos,
algumas rugas finas,
a espreitar-lhe os olhos,
a solidão aberta
nos lábios e nos dedos,
descendo os degraus
e degraus
e degraus até ao rio.

Eu sei. E tu, sabias?

Eugénio de Andrade: Lissabon

Da sagt jemand bedächtig:
«Und Lissabon, weißt du...»

Ich weiß. Sie ist ein Mädchen,
mit bloßen Füßen und behende;
ein rascher frischer Wind
weht ihr durchs Haar,
und ein paar feine Falten
umlauern ihre Augen;
die Einsamkeit ist sichtlich
auf ihren Lippen, an den Fingern,
wenn sie hinuntersteigt
Stufen
um Stufen bis zum Fluss.

Ich weiß; und wusstest du es auch?

Eugénio de Andrade: Lágrima

Dos olhos me cais,
redonda formosura.
Quase fruto ou lua,
cais desamparada.
Regressas à água
mais pura do dia,
obscuro alimento
de altas açucenas.
Breve arquitectura
da melancolia.
Lágrima, apenas.

Eugénio de Andrade: Träne

Von meinen Augen fällst
du runde Schönheit.
Fast Frucht, fast Mond,
so hilflos fällst du.
Du kehrst zurück
zum reineren Tages-Wasser,
dunkle Nahrung
hoher Lilien.
Kurzlebiges Gehäuse
der Melancholie.
Nichts als eine Träne.

Mário Cesariny: Pastelaria

Afinal o que impota não é a literatura
nem a crítica de arte nem a câmara escura

Afinal o que importa não é bem o negócio
nem o ter dinheiro ao lado de ter horas de ócio

Afinal o que importa não é ser novo e galante
– ele há tanta maneira de compor uma estante

Afinal o que importa é não ter medo:
fechar os olhos frente ao precipício
e cair verticalmente no vício

Não é verdade rapaz! E amanhã há bola
antes de haver cinema madame blanche e parola

Que afinal o que importa não é haver gente com fome
porque assim como assim ainda há muita gente que come

Que afinal o que importa é não ter medo
de chamar o gerente e dizer muito alto ao pé de muita gente

Gerente! Este leite está azedo!

Que afinal o que importa é pôr ao alto a gola do peludo
à saída da pastelaria e, lá fora – ah, lá fora! – rir de tudo

No riso admirável de quem sabe e gosta
ter lavados e muitos dentes brancos à mostra.

Mário Cesariny: Konditorei

Was letztlich zählt, ist nicht die Literatur,
ist nicht die Kunstkritik, ist nicht die Dunkelkammer.

Was letztlich zählt, ist nicht nur das Geschäft,
ist nicht Geld haben und daneben Freizeit.

Was letztlich zählt, ist nicht, jung und gefällig sein
(«er kann so tüchtig ein Regal zusammenbauen»).

Was letztlich zählt, ist, keine Angst zu haben;
die Augen schließen vor dem Abgrund
und steil hinunterfallen zum Verworfenen.

Nicht wahr, mein Junge? Morgen gibt es Fußball,
bevor es Kino gibt, Madame Blanche, und Geschwätz.

Was letztlich zählt, sind nicht die Hungernden:
Es gibt noch immer jede Menge Esser.

Was letztlich zählt, ist, keine Angst zu haben,
den Chef zu rufen und vor vielen Leuten laut zu sagen:

Chef! Die Milch hier ist sauer!

Was letztlich zählt: Den Mantelkragen hochzuklappen,
aus der Konditorei zu gehn und draußen – ja, draußen! –
                              über alle Welt zu lachen
das herrliche Gelächter dessen, der Bescheid weiß
und gern die vielen blankgeputzten Zähne zeigt.

Sebastião da Gama: Pelo sonho é que vamos

Pelo sonho é que vamos,
comovidos e mudos.
Chegamos? Não chegamos?
Haja ou não haja frutos,
pelo Sonho é que vamos.

Basta a fé no que temos.
Basta a esperança naquilo
que talvez não teremos.
Basta que a alma demos,
com a mesma alegria,
ao que desconhecemos
e ao que é do dia-a-dia.

Chegamos? Não chegamos?
– Partimos. Vamos. Somos.

Sebastião da Gama: Vom Traum geleitet gehen wir voran

Vom Traum geleitet gehen wir voran,
ergriffen, stumm.
Gelangen wir ans Ziel? Ja oder nein?
Ob zum Erfolg oder zum Misserfolg:
vom Traum geleitet gehen wir voran.

Genug, an das zu glauben, was wir haben.
Genug, auf das zu hoffen,
was wir vielleicht nie haben werden.
Genug, die Seele einzusetzen
mit gleicher Freude
für das, was wir nicht kennen, wie für das,
was zum Alltag gehört.

Gelangen wir ans Ziel? Ja oder nein?
Wir brechen auf. Wir gehn. Wir sind.

Alexandre O'Neill: De porta em porta

– Quem? O infinito?
Diz-lhe que entre.
Faz bem ao infinito
estar entre gente.

– Uma esmola? Coxeia?
Ao que ele chegou!
Podes dar-lhe a bengala
que era do avô.

– Dinheiro? Isso não!
Já sei, pobrezinho,
que em vez de pão
ia comprar vinho...

– Teima? Que topete!
Quem se julga ele
se um tigre acabou
nesta sala em tapete?

– Para ir ver a mãe?
Essa é muito forte!
ele não tem mãe
e não é do Norte...

– Vítima de quê?
O dito está dito.
Se não tinha estofo
quem o mandou ser
infinito?

Alexandre O'Neill: Von Tür zu Tür

Wer? Der Unendliche?
Herein! Herein, nur zu!
Dem Unendlichen tut es sicher gut,
wenn er mal unter Leuten ist.

Ein Almosen? Er hinkt?
So weit ist es mit ihm gekommen!
Du kannst ihm den Spazierstock geben,
der unserm Großvater gehörte.

Geld? Das doch ja nicht!
Ich weiß schon, Bettelmann,
du kauftest dir statt Brot,
ja doch nur Wein...

Er gibt nicht auf? Wie unverschämt!
Für wen hält er sich eigentlich,
wenn selbst ein Tiger
als Teppichbrücke hier im Zimmer endete?

Um seine Mutter zu besuchen?
Das ist ja wirklich allerhand!
Er hat gar keine Mutter
und stammt nicht aus dem Norden...

Opfer wovon? Es bleibt dabei:
Wenn er das Zeug dazu nicht hatte
– wer hat ihm denn gesagt,
dass er das werden soll:
ein Unendlicher?

António Ramos Rosa: Não posso adiar

Não posso adiar o amor para outro século
não posso
ainda que o grito sufoque na garganta
ainda que o ódio estale e crepite e arda
sob montanhas cinzentas
e montanhas cinzentas

Não posso adiar este abraço
que é uma arma de dois gumes
amor e ódio

Não posso adiar
ainda que a noite pese séculos sobre as costas
e a aurora indecisa demore.
não posso adiar para outro século a minha vida
nem o meu amor
nem o meu grito de libertação.

Não posso adiar o coração.

António Ramos Rosa: Ich kann nicht vertagen

Ich kann die Liebe nicht vertagen auf ein anderes
ich kann es nicht,   Jahrhundert;
wenn auch der Schrei im Halse steckenbleibt,
wenn auch der Hass aufbricht und knistert und entflammt
unter den grauen Bergen
grauen Bergen.

Ich kann diese Umarmung nicht vertagen,
die eine Waffe mit zwei Schneiden ist:
Liebe und Hass.

Ich kann sie nicht vertagen, wenn die Nacht auch schon
jahrhundertschwer auf meinem Rücken lastet und
die Morgenröte unentschlossen auf sich warten lässt;
ich kann mein Leben nicht vertagen auf ein anderes
noch meine Liebe   Jahrhundert
noch meinen Schrei nach Freiheit.

Ich kann mein Herz nicht vertagen.

David Mourão-Ferreira: Soneto do cativo

Se é sem dúvida Amor esta explosão
de tantas sensações contraditórias;
sórdida mistura das memórias,
tão longe da verdade e da invenção;

o espelho deformante; a profusão
de frases insensatas, incensórias;
a cúmplice partilha nas histórias
do que os outros dirão ou não dirão;

se é sem dúvida Amor a cobardia
de buscar nos lençóis a mais sombria
razão de encantamento e de desprezo;

não há dúvida, Amor, que te não fujo
e que, por ti, tão cego, surdo e sujo,
tenho vivido eternamente preso!

David Mourão-Ferreira: Sonett des Gefangenen

Wenn es denn Liebe ist, unstreitig, dieser Ausbruch
so vieler widersprüchlicher Empfindungen;
dies schmutzige Gemisch aus altem Kram,
gleich fern von Wahrheit wie von Träumerei;

der Spiegel, der verzerrt; der Überfluss
sinnloser süßer Schmeichel-Sätze;
und die Mitwisserschaft an den Geschichten,
die andere erzählen oder nicht erzählen;

wenn es denn Liebe ist, unstreitig, diese Feigheit,
im Bett zu suchen nach dem dunkelsten
Grund der Verzauberung und Verächtlichkeit;

dann, Liebe, ist es klar: ich laufe nicht davon
und habe taub und blind und schmutzig
gelebt in ewiger Gefangenschaft.

David Mourão-Ferreira: Maria Lisboa

É varina, usa chinela,
tem movimentos de gata.
Na canastra, a caravela;
no coração, a fragata.

Em vez de corvos, no xaile
gaivotas vêm pousar.
Quando o vento a leva ao baile.
baila no baile co'o mar.

É de conchas o vestido;
tem algas na cabeleira;
e nas veias o latido
do motor de uma trainera.

Vende sonho e maresia,
tempestades apregoa.
Seu nome próprio, Maria.
Seu apelido, Lisboa.

David Mourão-Ferreira: Maria Lissabon

Sie ist Fischfrau, trägt Pantoffeln;
katzenhaft bewegt sie sich,
eine Karavelle im Korb,
eine Fregatte im Herzen.

Statt der Raben setzen sich
auf ihr Schultertuch die Möwen.
Führt der Wind sie auf den Ball,
tanzt sie mit dem Meere dort.

Ihr Gewand ist voller Muscheln,
voller Algen ist ihr Haar,
in den Adern pocht das Hämmern
eines Fischerbootmotors.

Traum und Meergeruch verkauft sie
Sturm hat sie im Angebot.
Ihr Vorname ist Maria,
ihr Familienname Lissabon.

Herberto Helder: Inspiração

Ninguém sabe se o vento arrasta a lua ou se a lua
arranca um vento às escuras.
As salas contemplam a noite com uma atenção extasiada.
Fazemos álgebra, música, astronomia,
um mapa
intuitivo do mundo. O sobressalto,
a agonia, às vezes um monstruoso júbilo,
desencadeiam
abruptamente o ritmo.
– Um dedo toca nas têmporas, mergulha tão fundo
que todo o sangue do corpo vem à boca
numa palavra.
E o vento dessa palavra é uma expansão da terra.

Herberto Helder: Inspiration

Niemand weiß, ob der Wind den Mond mitzieht, oder ob
der Mond einen Wind im Dunkeln mit sich reißt.
Die Säle betrachten die Nacht entzückt und aufmerksam.
Wir machen Algebra, Musik, Astronomie,
eine einfallsreiche Weltkarte.
Manchmal unterbricht
ein Aufschrecken, eine Lähmung
ein ungeheurer Jubel
für kurze Zeit das Regelmaß.
– Ein Finger tippt die Schläfe an, er taucht so tief,
dass alles Blut des Körpers zum Munde steigt
in einem Wort.
Und dieses Wortes Hauch ist die Erweiterung der Erde.

Ruy Belo: O Portugal futuro

O portugal futuro é um país
aonde o puro pássaro é possível
e sobre o leito negro do asfalto da estrada
as profundas crianças desenharão a giz
esse peixe da infância que vem na enxurrada
e me parece que se chama sável
Mas desenhem elas o que desenharem
é essa a forma do meu país
e chamem elas o que lhe chamarem
portugal será e lá serei feliz
Poderá ser pequeno como este
ter a oeste o mar e a espanha a leste
tudo nele será novo desde os ramos à raíz
À sombra dos plátanos as crianças dançarão
e na avenida que houver à beira-mar
pode o tempo mudar será verão
Gostaria de ouvir as horas do relógio da matriz
mas isso era o passado e podia ser duro
edificar sobre ele o portugal futuro

Ruy Belo: Das künftige Portugal

Das künftige Portugal ist ein Land,
in dem der reine Vogel möglich ist
und auf der schwarzen Tafel des Asphalts
wirkliche Kinder Kreidebilder zeichnen:
den Fisch der Kindheit, der im Sturzbach kommt
und, wie ich meine, Maifisch heißt.
Doch was auch immer sie da zeichnen,
es ist der Umriss meines Landes,
und wie auch immer sie es nennen,
es ist mein Portugal. Da wär ich glücklich!
Es darf so klein sein, wie es ist:
das Meer im Westen, Spanien im Osten.
Nur neu sei alles, von der Wurzel bis zum Wipfel.
Im Schatten der Platanen sollen Kinder tanzen,
und in Alleen, die es an der Küste geben soll,
da mag die Zeit sich ändern: es soll Sommer sein.
Ich will die Stunden hören auf der Kirchenuhr
– doch das wär Tradition; es wär wohl schwierig,
auf ihr das künftige Portugal zu bauen.

Manuel Alegre: Trova do vento que passa

Pergunto ao vento que passa
notícias do meu país
e o vento cala a desgraça
o vento nada me diz.

Pergunto aos rios que levam
tanto sonho à flor das águas
e os rios não me sossegam
levam sonhos deixam mágoas.

Levam sonhos deixam mágoas
ai rios do meu pais.
minha pátria à flor das águas
para onde vais? Ninguém diz.

Se o verde, trevo desfolhas
pede noticias e diz
ao trevo de quatro folhas
que morro por meu país.

Pergunto à gente que passa
por que vai de olhos no chão.
Silêncio – é tudo o que tem
quem vive na servidão.

Vi florir os verdes ramos
direitos e ao céu voltados.
E a quem gosta de ter amos
vi sempre os ombros curvados.

(...)

Manuel Alegre: Kleines Lied vom vorüberwehenden Wind

Ich bitte den vorüberwehenden Wind
um Nachricht von meinem Land.
Der Wind verschweigt das Unglück,
der Wind verrät mir nichts.

Ich frage die Flüsse, auf denen
so viele Träume treiben.
Die Flüsse beruhigen mich nicht,
sie nehmen meine Träume, lassen mir den Schmerz.

Sie nehmen meine Träume, lassen mir den Schmerz.
Ihr Flüsse meines Landes,
ach, meine wasserreiche Heimat:
wohin du treibst, das sagt mir keiner.

Wenn du den grünen Klee entblätterst,
so bitte ihn um Nachricht.
Dem vierblättrigen Klee gib zu verstehn:
ich sterbe für mein Land.

Ich frage die, die mir begegnen,
warum sie ihre Augen senken.
Sie schweigen – das ist alles, was dem bleibt,
der in der Knechtschaft lebt.

Ich sah die grünen Zweige blühen
dem Himmel zugewandt und ganz gerade.
Jedoch: wer Herren über sich erträgt
den sah ich immer mit gebeugten Schultern.

(...)

Mas há sempre uma candeia
dentro da própria desgraça
há sempre alguém que semeia
canções no vento que passa.

Mesmo na noite mais triste
em tempo de servidão
há sempre alguém que resiste
há sempre alguém que diz não.

Doch immer gibts ein Licht,
sogar im tiefsten Unglück,
und immer gibt es einen, der sät Lieder.
in den vorüberwehenden Wind.

Sogar in jammervollster Nacht
zur Zeit der Knechtschaft
ist immer einer da, der widersteht,
ist immer einer da, der Nein sagt.

Vasco Graça Moura : ticiano

eu desespero nos museus : há sempre
gente a mais e quadros realmente
bons a menos. mas nos melhores há sempre

uma miraculosa descoberta. passeando
no louvre, uma vez, de mãos dadas, e a custo
atravessando magotes excitados de turistas,

disse à minha mulher que estava ali, à nossa
frente, uma prova na pintura italiana
do século xvi, a evidência de que só

o ticiano se importava com as mulheres
de maneira ostensiva e radical. a ambiguidade
era dos outros, mais libidinosos, a esfumarem

os seus desvios, propensões, manias
conhecidas. e mostrei-lhe os trejeitos
que alguns punham na pincelada e nos modos da

representação. sem se comover ela disse
que eu estava a ficar impossível e a
refinar cada vez mais o meu machismo. não

é verdade, e não fizemos disso uma
querela, até porque estávamos
muito contentes, mas para disfarçar,

porque há muitos intelectuais
politicamente correctos que vivem em
frança e julgam entender definitivamente

188
189

Vasco Graça Moura : Tizian

In den Museen packt mich die Verzweiflung. immer
gibt es zu viele Leute und zu wenig wirklich gute
Gemälde. aber bei den besten gibt es immer

Entdeckungen zu machen. Jüngst, bei einem Bummel
im Louvre, Hand in Hand, und nur mit Mühe
uns einen Weg durch viele eifrige Touristen bahnend,

sprach ich zu meiner Frau : es gebe da vor uns
ein Merkmal in der Malerei der Italiener
des sechzehnten Jahrhunderts. Offensichtlich habe sich

nur Tizian für Frauen interessiert
so richtig augenfällig radikal. Das zweideutige
geschehe bei den anderen, libidinöseren, die ihre

Verirrungen, Besonderheiten, typischen Marotten
verschleiern. Und ich zeigte ihr Grimassen,
die einige in ihrem Pinselstrich und in der Art

der Darstellung versteckten. Unbeeindruckt sagte sie,
ich machte mich unmöglich und
ich hätschelte fortwährend meine Männlichkeitsidee.

Das stimmt nicht, doch wir fingen darum nicht
zu streiten an, wozu denn auch,
wir waren ja ganz glücklich. Um mich zu verstellen

(denn es gibt etliche political korrekte
Gebildete, die dort in Frankreich leben
und meinen, sie verstünden allen Ernstes

o português e às vezes se passeiam nos museus
com a filharada, nos domingos
em que não têm de pensar,

acabei a murmurar em voz audível:
«– that old chap did actually care about women,
didn't he?». bendita ecfrase.

das Portugiesische, und manchmal durch Museen bummeln
mit ihrer Kinderschar, am Sonntag,
wo sie nicht nachzudenken brauchen),

da brummte ich, dass man es hören konnte:
«That old chap did actually care about women,
didn't he?» Ein Hoch der Bildanalyse!

Al Berto: Jaula de néon

aqui está a paixão de quem atravessa a noite
do mundo... espiando o deserto da cidade
numa carruagem de metropolitano... sabes
perdi o rastro do pai e da mãe durmo onde calha
mas isso não vemos na fotografia...

... tenho tempo
as calças que me deram hão-de ajustar-se à medida
do meu corpo... a noite
comeu a pequena alegria do coração...

o puto da cabeça rapada talvez seja apenas uma visão...
... poucos vemos do seu rosto franzino... os milhões
    de rostos
daquele rosto inclinado para o peito o olhar absorto
no enigmático trabalho das mãos... uma moeda?
uma caixa de fósforos para incendiar o susto da noite?

insondável jaula de néon onde te movimentas
mudas de alcunha para te manteres inacessível ao
    insulto
mas a pobreza é coisa que não se remedeia com a venda
do corpo e de pensos rápidos...

... já aqui não passam metropolitanos.
a esta hora em que subúrbio de lata te escondes!
vem comigo... ensinar-te-ei o uso da fuga
e o minucioso ofício das facas... depois
esperaremos o primeiro metro da manhã
iremos ver as árvores dos jardins subterrâneos...   192
193

Al Berto: Neonkäfig

Hier ist die Leidenschaft von einem, der die Nacht
der Welt durchquert, das heißt die Wüste der Stadt erforscht
in einem U-Bahn-Wagen. Stell dir vor, ich hab
die Spur der Eltern verloren. Ich schlafe, wo sichs trifft.
Das sieht man freilich nicht auf der Fotografie.

Ich habe Zeit. Die Hose,
die man mir gab, wird sich dem Körper schon
anpassen. Die Nacht
hat jede kleine Herzensfreude aufgefressen.

Der Kerl mit dem rasierten Kopf ist wohl nur eine Vision.
Nicht viele sehen in dem mageren Gesicht, den
    Millionen Gesichtern,
dem auf die Brust gesunkenen Gesicht den Blick vertieft
in eine vage Handbewegung. Eine Münze? Eine Schachtel
Streichhölzer, um das Nacht-Entsetzen anzuzünden?

Ein Neonkäfig, unergründlich, in dem du dich bewegst.
Nimm einen anderen Namen an, damit die Kränkung dich
    nicht mehr erreicht.
Die Armut heilt man nicht durch den Verkauf
von Körpern und Wundpflastern.

Hier fährt keine U-Bahn mehr um diese Zeit.
In welcher Blech-Vorstadt versteckst du dich?
Komm mit. Ich kann dir den Gebrauch der Flucht beibringen
und den genauen Umgang mit dem Messer. Danach warten
wir auf die erste U-Bahn morgen und besuchen
die Bäume in den unterirdischen Gärten.

Nuno Júdice: Um amor

Aproximei-me de ti; e tu, pegando-me na mão,
puxaste-me para os teus olhos
transparentes como o fundo do mar para os afogados.
  Depois, na rua,
ainda apanhámos o crepúsculo.
As luzes acendiam-se nos autocarros; um ar
diferente inundava a cidade. Sentei-me
nos degraus do cais, em silêncio.
Lembro-me do som dos teus passos,
uma respiração apressada, ou um princípio de lágrimas,
e a tua figura luminosa atravessando a praça
até desaparecer. Ainda ali fiquei algum tempo, isto é,
o tempo suficiente para me aperceber de que, sem estares ali
continuavas ao meu lado. E ainda hoje me acompanha
essa doente sensação que
me deixaste como amada
recordação.

Nuno Júdice: Eine Liebe

Ich kam dir näher; du nahmst meine Hand.
und zogst mich nah an deine Augen,
durchsichtig wie der Meeresgrund für die Ertrunkenen.
Dann, auf der Straße,
erwischten wir gerade noch den Sonnenuntergang.
Die Lichter in den Autobussen gingen an.
Ganz andere Luft füllte die Stadt. Ich setzte mich
am Kai auf eine Stufe, in aller Stille.
Ich weiß noch das Geräusch von deinen Schritten,
mein schnelles Atmen, eine Wallung Tränen,
deine Gestalt, wie sie den Platz so leuchtend überquerte,
bis sie verschwand. Ich blieb noch etwas dort, das heißt,
lange genug, um zu bemerken, dass du, ohne da zu sein,
an meiner Seite bliebst. Noch heut begleitet mich
die zarte Empfindung, die du
mir ließest als geliebte
Erinnerung.

Nuno Júdice: Tempo livre

Numa tarde de domingo, em Central Park, ou
numa tarde de domingo, em Hyde Park, ou
numa tarde de domingo, no jardim do Luxemburgo, ou
num parque qualquer de uma tarde de domingo
que até pode ser o parque Eduardo VII,
deitas-te na relva com o corpo enrolado
como se fosses uma colher metida no guarda-
napo. A tarde limpa os beiços com esse
guardanapo de flores, que é o teu vestido
de domingo, e deixa-te nua sob o sol frio
do inverno de uma cidade que pode ser
Nova Iorque, Londres, Paris, ou outra qualquer,
como Lisboa. As árvores olham para outro sítio,
com os pássaros distraídos com o sol.
que está naquela tarde por engano. E tu,
com os dedos presos na relva húmida, vês
o teu vestido voar, como um guardanapo,
por entre as nuvens brancas de uma tarde
de inverno.

Nuno Júdice: Freizeit

An einem Sonntagnachmittag im Central Park,
an einem Sonntagnachmittag im Hyde Park,
an einem Sonntagnachmittag im Jardin du Luxembourg oder
in irgendeinem Park an einem Sonntagnachmittag,
es könnte auch der Park Eduards des Siebenten sein,
legst du dich auf das Gras, den Körper eingewickelt,
als wärst du ein in eine Serviette
gesteckter Löffel. Der Nachmittag wischt dir den Mund ab
mit der geblümten Serviette, deinem Sonntagskleid,
und zieht dich aus unter der kalten Sonne
des Winters, in der Stadt, die
New York, London, Paris und jede andere sein kann,
zum Beispiel Lissabon. Die Bäume schaun woanders hin,
die Vögel gleichfalls, angezogen von der Sonne,
die diesen Nachmittag nur aus Versehen da ist. Du,
die Finger in das feuchte Gras gekrallt, du siehst
dein Kleid fortfliegen wie eine Serviette,
zwischen den weißen Wolken eines Sonntagnachmittags
im Winter.

Luís Filipe de Castro Mendes:
                    O modo funcionário de viver

O mundo dos pequenos funcionários
lembra-nos no fervor o patrão Vasques
e traz aos nossos actos mais diários
a poesia do mundo sem disfarces.

Quando longe do jogo das intrigas
(deram aos nossos dias emoção),
lembramos em agendas mais antigas
o que ficou aquém da ilusão.

Este mundo é perfeito como um ovo
de si suficiente e não merece
poder ser corrompido pelo novo.

Aqui em bom rigor nada acontece.
E vemos flutuar à nossa volta
um rumor sem um eco de revolta.

Luís Filipe de Castro Mendes:
                    Die Art, wie ein Beamter zu leben

Die Welt der unteren Beamten
erinnert an den Chef Vasques in seinem Eifer,
und so verleiht sie dem, was wir tagtäglich tun,
die Poesie der Welt ohne Verstellung.

Wenn wir uns weit abseits vom Ränkespiel
(das brachte doch Erregung in den Alltag!)
an das erinnern, in den ältesten Kalendern,
was uns verblieb nach allen Träumereien...

Vollkommen wie ein Ei ist diese Welt,
sich selbst genug. Sie hat es nicht verdient
durch etwas Neues korrumpiert zu werden.

In dieser Welt geschieht buchstäblich nichts.
Um uns herum vernehmen wir Gemurmel,
ein stetes Murren ohne Anklang von Revolte.

Fernando Pinto do Amaral: Limiar

Queria roubar ao céu a luz do dia
e oferecer-ta agora, enquanto passam
as aves e o vento
arrasta um «rio de nuvens» infelizes
a caminho da noite. A primavera
põe um sorriso em cada verso, quando
floresce no meu sangue o mais divino
arrepio. Estou só,
mas sei que existe algures uma estrela
ainda por nascer.

De silêncio em silêncio
cintilam as imagens que deixaste
a arder sobre os meus olhos, cuja cinza
abraça este crepúsculo e regressa
ao coração. Entre a folhagem
palpita a voz do sol, estremece ainda
a pura melodia do seu fogo
quase em segredo
– esse primeiro sonho de que é feita
a memória dos deuses no teu rosto.

Fernando Pinto do Amaral: Schwelle

Ich möchte jetzt das Tageslicht des Himmels stehlen
und dir verehren, da soeben Vögel
vorüberfliegen und der Wind
ein Band aus Wolken nach sich zieht, unglücklichen,
nachts unterwegs. Der Frühling legt
ein Lächeln mir in jeden Vers, solange
in meinem Blut das göttlichste Erschauern
in Blüte steht. Ich bin allein,
doch ich bin sicher: irgendwo gibts einen Stern,
der noch geboren wird.

Vom Schweigen bis zum Schweigen funkeln
die Bilder, die du dagelassen hast
und die in meinen Augen brennen; ihre Asche,
von dieser Dämmerung umfangen, kehrt zurück
zum Herzen. Zwischen ihren Blättern
pulsiert der Klang der Sonne, zittert noch
die reine Melodie der Sonnenglut
fast unbemerkt
– aus diesem ersten Traum entstand in deinem
Gesicht die Ahnung von den Göttern.

Nachwort

«Literatur im Fremdsprachenunterricht – ja, aber mit Phantasie», so beginnt Harald Weinrich sein Plädoyer für einen frühen Einsatz von Gedichten beim Sprachenlernen.

Was läge da näher, als es auch beim Erlernen des Portugiesischen mit Gedichten zu versuchen: Portugal ist ja in erster Linie ein «Land der Dichter», und erst dann eines der Erzähler und Romanciers.

Als Lektorin für Portugiesisch konnte ich in meinen Sprachkursen immer wieder die Begeisterung erleben, mit der meine Studenten portugiesische Gedichte vortrugen – zugleich ja auch ein ausgezeichnetes Training ihrer sprachlichen Fertigkeiten. Ihren Anregungen verdankt die vorliegende Anthologie ihre Entstehung.

Mit dieser Sammlung sollte zugleich ein erster Überblick über die Lyrik Portugals von den Anfängen bis zur Gegenwart versucht werden; die Anmerkungen, wenn auch notwendigerweise knapp gehalten, können zusätzlich orientierend helfen. Mit Rücksicht auf die Sprachlernsituation wurden viele kleine oder liedhafte, sprachlich und inhaltlich möglichst nicht zu schwierige Texte ausgewählt. Bei der großen Anzahl der vorzustellenden Dichter konnten jeweils nur Kostproben – oft nur ein Gedicht pro Autor – angeboten werden; ein tieferer Einblick in das Gesamt-Oeuvre darf hier also nicht erwartet werden. Wichtig war es aber, möglichst «emblematische» Gedichte zu finden, die einen wesentlichen Aspekt eines Dichterwerkes widerspiegeln. Hier waren portugiesische Schulanthologien und andere Lyriksammlungen sehr hilfreich. Natürlich kamen auch persönliche Vorlieben zu ihrem Recht.

Als Verständnishilfe wurde den Gedichten eine Übersetzung gegenübergestellt, die – unter Verzicht auf den Reim – zum Originaltext hinführen und Bedeutungsnuancen und Sinn möglichst genau erfassen soll. Doch auch an ein allgemeiner interessiertes Leser-Publikum ist gedacht: um eine oft zu strenge «Interlinearversion» als Lyrik-Übersetzung auszuweisen, wurde sie, in Zusammenarbeit mit dem Lektorat des Verlags, leicht metrisch gestaltet. Nicht in dem Sinn, dass die metrische Form des Originals nachgeahmt würde, sondern «in sich»: die Zeilen sollten nicht holpern, sondern sich «fast wie Verse» lesen (und vorlesen) lassen.

So soll dieses Buch dem Leser nicht nur sprachlichen Nutzen bringen, sondern auch etwas von der Vielfalt und Schönheit der portugiesischen Poesie vermitteln, ihn vielleicht zu weiteren Entdeckungsreisen durch die literarische Landschaft Portugal verlocken. Sophia de Mello Breyner drückt dies so aus:

«Ich war noch ein Kind und konnte nicht lesen, da hörte ich jemanden ein altüberliefertes portugiesisches Gedicht aufsagen und ich lernte es auswendig: es hieß «Nau Catrineta». So hatte ich das Glück, mit mündlicher Überlieferung zu beginnen, das Glück, das Gedicht kennenzulernen, bevor ich die Literatur kennenlernte.»

Maria de Fátima Mesquita-Sternal

Anmerkungen

Die folgenden acht Cantigas sind Beispiele der galizisch- portugie-
sischen Troubadourlyrik des 13. und 14. Jahrhunderts, die in drei
großen Liederhandschriften, den Cancioneiros, überliefert ist.
Es gibt drei Liedtypen: Cantiga de Amígo (Lied an den Geliebten,
«Frauenlied»), vom Dichter aus der Perspektive der Frau verfasst;
originellste literarische Schöpfung gegenüber den beiden ande-
ren Liedtypen mit starkem provenzalischem Einfluss: Cantiga de
Amor (Lied an die Geliebte) und Cantiga de Escárnio e Maldizer
(Schimpf- und Spottlied). Bedeutsam sind die Cantigas auch durch
ihr formales und thematisches Fortwirken bis zur Gegenwart; vgl.
die modernen Versionen bei Régio und Andrade.

Dom Sancho I (1154 – 1211), zweiter portugiesischer König. Er
soll, da er sich aus militärischen Gründen oft in Guarda nahe der
spanischen Grenze aufhielt, seiner Geliebten Maria Pais das Lied
«Ai eu coitada» in den Mund gelegt haben.

Airas Corpancho (1. Hälfte 13. Jh.), Spielmann, Galizien. Wall-
fahrtsorte waren beliebte Treffpunkte für Verliebte.

Martim Codax (Mitte 13. Jh.), Spielmann, Galizien.

Martim Soares (Mitte 13. Jh.), galizisch-portugiesischer Trouba-
dour aus Ponte de Lima (Minho, Nordportugal).

Pero Meogo (Mitte 13. Jh.), galizisch-portugiesischer Spielmann.
Die in seinen Cantigas auffallende Hirschmetapher (mit eroti-
scher Konnotation) gilt als eigenschöpferische Leistung der iberi-
schen Halbinsel. «Hirsch» steht dabei für den Mann, «Wasser»
für die Seele der Frau. In der vorliegenden Cantiga ist das von der
Tochter zunächst Beiseite-Gesprochene jeweils durch Klammern
angedeutet.

João Zorro (2. Hälfte 13. Jh.), portugiesischer Spielmann (?).
Meist Meer- und Schiffsmotive.

Dom Dinis (1261 – 1325), portugiesischer Dichterkönig, förder-
te Kunst und Wissenschaft, gründete 1290 in Lissabon die erste

portugiesische Universität und führte den Gebrauch der portugie-
sischen Sprache anstelle des Lateinischen in den Rechtstexten ein.

João Roiz de Castel-Branco, Adliger am Hofe des Königs
João II (1481 – 1495). Seine «Cantiga partindo-se» gilt als eines der
schönsten Gedichte im *Cancioneiro Geral* (1516) von Garcia
de Resende, einer Liedersammlung, die zahlreiche Dichter höfi-
scher Lyrik aus der zweiten Hälfte des 15. und vom Anfang des
16. Jahrhunderts vereint.

Gil Vicente (1465? Guimaraes? – 1536? Lissabon), Begründer und
bedeutendster Dramatiker des portugiesischen Theaters, schrieb
zahlreiche religiöse Bühnenspiele (autos), weltliche Farcen und
Tragikomödien. Seine Stücke enthalten viele lyrischen Einlagen;
das Lied «Adorai, montanhas», gesungen von dem Hirten Abel,
stammt aus seinem alttestamentarischen Spiel *Breve Sumário da
História de Deus*.

Bernardim Ribeiro (1482? in Torrão, Alentejo – 1552), vor allem
bekannt durch seine Novelle «História de Menina e Moça» (Ge-
schichte vom kleinen jungen Mädchen) und seinen bukolischen
Dichtungen. Vorläufer des Schäferromans. «Jano e Joana» ist ein
Ausschnitt aus der Écloga II.

Francisco de Sá de Miranda (1481/85 in Coimbra – 1558), ver-
kehrte am königlichen Hofe, Italienreise 1521-1526, brachte dich-
terische Formen und Themen der italienischen Renaissance mit
und führte u.a. das Sonett in die portugiesische Literatur ein. Au-
ßer den Sonetten schrieb er Eklogen, Briefgedichte und Komödien.

Luís Vaz de Camões (1524 /25? – 1580 Lissabon), berühmtester
Dichter Portugals, klassisch-humanistische Ausbildung in Coim-
bra, dann am Hof in Lissabon. Garnisonsdienst in Ceuta 1547-49,
langjährige Asienreise (1553-1567), u.a. nach Goa (Indien) und
Macau (China), Teilnahme an Kriegszügen. Nach Aufenthalt in
Moçambique Rückkehr 1570 nach Lissabon. Verfasser des portu-
giesischen Nationalepos «Os Lusiadas» (1572): in zehn Gesängen
Darstellung und Verherrlichung der Großtaten der Portugiesen
bei der Entdeckung des Seewegs nach Indien durch Vasco da Gama
(1497-1499). Das historische Geschehen ist verbunden mit Sze-

nen aus der antiken Mythen- und Götterwelt. Auch in der Lyrik (196 Sonette, 127 redondilhas) Übernahme von Themen und Formen der klassischen Antike (Vergil, Horaz); besonders stark beeinflusst von der italienischen Renaissancedichtung (Petrarca).

FRANCISCO RODRIGUES LOBO (1579? – 1621?), ertrank bei einem Schiffbruch im Tejo bei Lissabon. In seiner Lyrik Schüler von Camões, doch auch von Góngora beeinflusst; erster großer portugiesischer Barockdichter. «Fermoso Tejo meu» wird gelegentlich auch Camões zugeschrieben.

SOROR VIOLANTE DO CÉU (1601 – 1693) ist eine der drei Nonnen, die einen zentralen Platz in der Barocklyrik Portugals einnehmen. Die beiden anderen sind MARIA DO CÉU und MARIA MAGDALENA DA GLÓRIA.

D. FRANCISCO MANUEL DE MELO (1608 – 1666), Aristokrat und Humanist, Studium am Jesuitenkolleg, dann am Hof Philipps IV. in Madrid (Portugal unter spanischer Herrschaft 1580 – 1640). Bekanntschaft mit den berühmtesten Dichtern des Siglo de Oro, schreibt zweisprachig (span./port.). Bedeutender Geschichtsschreiber, Verfasser von religiösen und moralischen Schriften, Theaterstücken, Briefen und vielseitiger Lyrik.

JERÓNIMO BAÍA (1620 – 1688), Benediktinermönch. Wurde zum königlichen Prediger ernannt. Sein Sonett «Ao Rigor de Lisi» zeigt eine für die Barockdichtung charakteristische Fülle von Begriffen und Bildern, und eine (Über-)Betonung rhetorischer Kunstmittel, hier sich verspielt überkreuzende Satzteile.

NICOLAU TOLENTINO (1740 Lissabon – 1811 Lissabon), Lehrstuhl für Rhetorik und Poetik in Lissabon. Schrieb Sonette und Oden, wurde besonders bekannt durch seine humorvollen Satiren auf das Lissabonner Bürgertum.

MARQUESA DE ALORNA (1750 Lissabon – 1839 Lissabon), die «portugiesische Madame de Staël». Heirat mit dem deutschen Grafen von Oeynhausen, Aufenthalte in Wien und London. Bringt aufklärerisches Gedankengut mit nach Portugal. Macht in ihrem literarischen Salon den jungen portugiesischen Dichtern (Bocage,

Herculano) die deutsche Romantik bekannt. Gilt als Vorläuferin der portugiesischen Romantik, pflegt jedoch in ihrer Lyrik traditionelle Formen (Sonett, Ode, Cantiga, usw.).

MANUEL MARIA BARBOSA DU BOCAGE (1765 Setúbal – 1805 Lissabon), Sohn eines portugiesischen Rechtsanwalts und einer Französin. Von 1786 bis 1790 in den überseeischen portugiesischen Kolonien (Goa, Damão, Macau). Wegen antimonarchischer und antiklerikaler Einstellung einige Monate im Gefängnis. Bedeutendster portugiesischer Sonettdichter des 18. Jahrhunderts, am Übergang vom Neoklassizismus zur Romantik (Vorromantiker).

ALMEIDA GARRETT (1799 Porto – 1854 Lissabon), bedeutendster portugiesischer Romantiker. Wegen liberaler Auffassungen zwischen 1823 und 1828 im Exil in England und Frankreich. Gründer des portugiesischen Nationaltheaters. Schuf berühmte Theaterstücke. Sein Roman «Viagens na minha terra»(1846) ist eine portugiesische Parallele zu den «Reisebildern» (1826-31) von Heinrich Heine. Ebenso bedeutend als Lyriker; Gedichte u.a. in den Bänden «Flores sem fruto»(1845); «Folhas caidas» (1853), darin «Destino» und «Barca Bela». Sammelte volkstümliche portugiesische Dichtung und Romanzen in seiner dreibändigen Anthologie, dem *Romanceiro* (1828). Darin «A nau Catrineta».

JOÃO DE DEUS (1830 Algarve – 1896 Lissabon), zunächst Rechtsanwalt und Journalist, 1869 Abgeordneter. In seiner Lyrik thematisch noch der Romantik nahestehend, gehört sie wegen ihrer moralisierenden Tendenz bereits zum Realismus. Hauptwerk: *Campo de flores* (1893).

ANTERO DE QUENTAL (1842 Ponta Delgada, Azoren – 1891 Ponta Delgada), unterstützt die aufkommenden sozialistischen Ideen, philosophische Schriften (von Schopenhauer beeinflusst). In seiner Lyrik – er gehört zu den großen Sonettdichtern – spiegelt sich sein ständiger Zwiespalt zwischen der Suche nach Geborgenheit im Metaphysischen und dem Streben nach Fortschritt (*Sonetos Completos*, 1886).

GUERRA JUNQUEIRO (1850 – 1923 Lissabon) zunächst liberaler, dann republikanischer Abgeordneter. Politische Lyrik, u.a. *Pátria*

(1896) mit national-patriotischer Tendenz; *Os simples* (1892) beschreibt in zuweilen pathetischer Sprache die Geschichte eines Pilgers, der von der Welt enttäuscht in sein Dorf zurückkehrt.

CESÁRIO VERDE (1855 Lissabon – 1886 Lissabon), Philologiestudium, veröffentlicht bereits mit achtzehn Jahren seine ersten Gedichte; starb an Tuberkulose. Überwindet die romantische Gefühlspoesie, Wegbereiter der modernen Lyrik Portugals (Fernando Pessoa-Alvaro de Campos bezeichnet ihn als den «Meister»). Einerseits Beschreibung der dekadenten Aristokratie oder Großstadt (etwa in «O sentimento dum ocidental»,1880; Anklänge an Baudelaires *Tableaux parisiens*) in realistisch-naturalistischer Manier, andererseits Rückzug in impressionistisch festgehaltene ländliche Idylle («De tarde», 1887). Hauptwerk: *O Livro de Cesário Verde*, 1887 (posthum).

ANTÓNIO NOBRE (1867 Porto – 1900 Carreiros), Studium in Coimbra und Paris (politische Wissenschaft). Bekanntschaft mit dem französischen Symbolismus (u.a. Verlaine), stark geprägt von der Melancholie des «Fin de Siècle». Gedichtbände: *Só*, 1892; *Despedidas*, 1902). Das zweite Gedicht ist ein Auszug.

CAMILO PESSANHA (1867 Coimbra – 1926 Macau, China), verbrachte den größten Teil seines Lebens in Macau. Sein Gedichtband *Clépsidra*, 1920 («Wasseruhr») gilt als Hauptwerk des portugiesischen Symbolismus; Vorbilder Verlaine, Mallarmé, Walt Whitman.

TEIXEIRA DE PASCOAES (1877 Gatão, Minho – 1952 Gatão), Rechtsanwalt, Lyriker, Essayist, Biograph. Begründer und Hauptvertreter des «Saudosismo», sehnsuchtsvoller Rückbesinnung auf nationale Kulturwerte, die er mit mystisch-pantheistischen Elementen verbindet. *Obras Completas, I*, Assírio & Alvim, Lissabon.

FERNANDO PESSOA (1888 – 1935), bedeutenster portugiesischer Dichter nach Camões, wichtigster Repräsentant des literarischen Modernismus in Portugal. Jugend mit Mutter und Stiefvater in Südafrika, Studium in Kapstadt, mit siebzehn Jahren dann Lissabon. Mitarbeiter an literarischen Zeitschriften, u.a. Orfeu . Handelskorrespondent und -übersetzer in der Lissaboner Unterstadt. Erfindet für seine unterschiedlichen dichterischen Programme und Schreibweisen Heteronyme: Unter dem Namen ALBERTO CA-EIRO schreibt er kontemplative, bukolische Lyrik, unter RICARDO REIS eine Spruchdichtung, die an andere antike Traditionen, an Epikureertum und Stoizismus, anknüpft; als ÁLVARO DE CAMPOS hingegen wendet er sich dem Menschen der modernen Zivilisation zu, dem Menschen des Maschinenzeitalters, und dafür hat er europäische und amerikanische Vorbilder (Baudelaire, Marinetti, Whitman). Unter seinem eigenen Namen schreibt er Texte von volkstümlicher Einfachheit (*Quadras ao Gosto Popular*; die vier Vierzeiler unserer Auswahl haben in der Werkausgabe die Nummern 1, 94, 267 und 301), vor allem aber Gedichte patriotischer Thematik (aus *Mensagem*, 1934, stammt sein wohl bekanntestes Gedicht «Mar Português»), und seine «esoterische Lyrik», die um das Problem der menschlichen Existenz kreist. *Obras Completas*, Ática, Lissabon. Lizenz von Assírio & Alvim, Lissabon. Pessoas Werk ist im deutschsprachigen Raum vor allem durch die Übersetzungen von Georg Rudolf Lind bekannt geworden. Wir zitieren mit freundlicher Genehmigung des Ammann Verlages je ein Gedicht aus: Fernando Pessoa. Alberto Caeiro. Dichtungen / Ricardo Reis. Oden. © 1986 Ammann Verlag & Co. Zürich. – Fernando Pessoa. Álvaro de Campos. Poesías / Dichtungen. © 1987 Ammann Verlag & Co. Zürich.

MÁRIO DE SÁ-CARNEIRO (1890 Lissabon – 1916 Paris), neben FERNANDO PESSOA, seinem Jugendfreund, bedeutendster Dichter der «modernismo»-Bewegung. In seinem Werk (Lyrik, Dramen, Novellen) spiegeln sich seine ständigen Selbstzweifel und die vergebliche Suche nach dem eigenen Ich wieder. Lebenskrise und Selbstmord in einem Hotelzimmer in Paris. *Poesias Completas*, Publicações Anagrama, Porto. s.d.

IRENE LISBOA (1892 Arruda dos Vinhos – 1958 Lissabon), bedeutende portugiesische Schriftstellerin des 20. Jh., Lehrerin, Verfasserin pädagogischer Werke, Milieustudien und Gedichte. Ihre Sprache zeichnet sich aus durch einen natürlichen, klaren Stil und eine diskrete, doch dabei hellsichtige Ironie. «Os poetas», in: *Poesia*, Editorial Presença, Lissabon 1984.

José de Almada Negreiros (1893 S. Tomé – 1970 Lissabon), Dichter, Essayist, Dramaturg und einer der wichtigsten Verteter der modernen bildenden Kunst in Portugal. Gehört zur Bewegung des «modernismo» und «futurismo» und nimmt in seinen Theaterstücken bereits Erfahrungen eines Ionesco und Adamov vorweg. *Obras Completas*, vol. I, Poesia, INCM, Lissabon 1990.

Florbela Espanca (1894 Vila Viçosa – 1930 Matosinhos), Jurastudium in Coimbra, nach gescheiterten Liebesbeziehungen Selbstmord. Mehrere Bände Lyrik, vor allem bekannt durch ihre vollendeten Sonette. In pathetischer Sprache und meist schwermütiger Gefühlslage Ausdruck leidenschaftlichen Erlebens; Elemente eines Naturpantheismus. *Obras Completas de Florbela Espanca*, vol. II, Rui Guedes (ed.), Publicações Dom Quixote, Lissabon 1986. Lizenz SPA.

António Botto (1897 Abrantes – 1959 Rio de Janeiro), Journalist, 1947 Auswanderung nach Brasilien. Lyrik, Erzählungen, Theater (Milieustück «Alfama») Leicht eingängige, liedhafte Verse, auch thematisch dem Fado nahestehend. *Canções,* Ed. Presença, Lissabon 1980. Lizenz vom Erben des Autors.

Cabral do Nascimento (1897 Funchal, Madeira – 1978 Lisboa), Lehrer am Gymnasium. Seine unter dem Einfluss des französischen Symbolismus stehenden Gedichte erinnern an Dichtungen der *Cancioneiros* früherer Jahrhunderte. Herausgeber mehrerer portugiesischer Lyrikanthologien. *Cancioneiro*, Editorial Inova, Porto 1976. Lizenz vom Sohn des Autors.

Vitorino Nemésio (1901 Ilha Terceira, Azoren – 1978 Lissabon), Literaturprofessor in Lissabon, rückt von der «Presença»-Bewegung ab und kündigt in der Verwendung seiner Bilder und Metaphern den Surrealismus in Portugal an. Gedichte philosophischer Dimension, religiöser und wissenschaftlicher Fragestellung. «A Concha» aus *O Bicho Harmonioso* (1938); in *Poesia*, INCM, Lissabon 1995. Lizenz SPA.

José Régio (1901 Vila do Conde – 1969 Vila do Conde), Romanistikstudium in Coimbra; Mitbegründer und Herausgeber der Zeitschrift Presença und einer der wichtigsten Vertreter des Presencismus (gilt als zweite ‹modernismo›- Bewegung). Thematisch stehen in seinen Gedichten die Vereinsamung des Individuums und Konflikte zwischen Gott, Mensch und Natur im Mittelpunkt. *Filho do homem* (1961) und *Música Ligeira* (1970) Portugália Editora, Lissabon. Lizenz SPA.

ANTÓNIO GEDEÃO (1906 Lissabon – 1997 Lissabon), naturwissenschaftliche Ausbildung, Gymnasiallehrer in Lissabon. Ausgangspunkt seiner Gedichte sind oft wissenschaftliche Beobachtungen, die ihn zu allgemeingültigen Einsichten führen. Seine einfach formulierten Aussagen über den Menschen und die ihm innewohnenden Kräfte, seine metaphorische Sprache in leicht eingängigen Versen sind für ihn charakteristisch. Viele seiner Gedichte wurden vertont und machten den Dichter beliebt und weit bekannt; ein Beispiel ist «Pedra Filosofal» aus *Movimento Perpétuo* (1956), Livraria Sá da Costa Editora, Lissabon.

MIGUEL TORGA (1907 São Martinho da Anta, Trás-os-Montes – 1995 Coimbra), Pseudonym für Adolfo Correia Rocha. Medizinstudium, lebte als Arzt und Schrifsteller in Coimbra. Umfangreiches Werk (Romane, Erzählungen, Tagebücher, Lyrik) mit sozialkritischer Tendenz; präziser, knapper Stil. Als Gegner des Salazarregimes zeitweise Zensur und Gefangenschaft. Immerwiederkehrendes Thema ist das Aufbegehren gegen jede Form der Unterdrückung. Gilt als der «rebellische» Dichter, tief verwurzelt in der rauhen Bergwelt seiner Heimatprovinz Trás-os-Montes. «Instrução Primária» aus *Diário XI*, 1973; «Liberdade» aus *Diário XII*, 1977 Editora Coimbra, Coimbra. Lizenz SPA.

ADOLFO CASAIS MONTEIRO (1908 Porto – 1972 São Paulo, Brasilien), Lyriker, Essayist, Literaturkritiker, ab 1954 Professor für Literatur in Brasilien. Gehört zur Bewegung der «Presença», gestaltet oft das Thema der «Nacht», stellt Fragen nach dem menschlichen Sein, elliptischer Stil, oft in Halbsätzen. «Fado» aus *Poesias Completas*, INCM, Lissabon 1993.

MANUEL DA FONSECA (1911 Santiago do Cacém, Alentejo – 1993 Lissabon), Erzähler und Dichter des portugiesischen Neorealismus, beschreibt das Elend und die Hoffnungen der Menschen im Alentejo, in leicht verständlicher Sprache und frei von ideologiebeladener Rhetorik. «Mataram a Tuna» aus *Obra Poética*, Editorial Caminho, Lissabon 1984.

RUY CINATTI (1915 London – 1986 Lissabon), Studium der Agronomie, 1957 auch der Anthropologie in Oxford. Arbeitete mehrere Jahre in der früheren portugiesischen Kolonie Ost-Timor, deren Inselwelt ihn faszinierte und die er immer wieder lyrisch gestaltet. «A Cega-Rega» aus *56 Poemas*, 2. Aufl., Relógio D'Agua Editores, Lissabon 1992.

SOPHIA DE MELLO BREYNER ANDRESEN (geb. 1919 Porto), gilt als die größte zeitgenössische Lyrikerin Portugals. Ihre Lyrik ist stark geprägt durch die Mythen- und Götterwelt der griechischen Antike, durch die Suche nach einer Harmonie mit der Natur und dem Göttlichen, reflektiert aber auch die sozialen Ungerechtigkeiten. «Praia» aus Coral, *Obra Poética I*, und «Retrato de Uma Princesa Desconhecida» aus Dual, *Obra Poética III*, Editorial Caminho, Lissabon 1991. Lizenz von der Autorin.

FERNANDO NAMORA (1919 Condeixa-a-Nova, Beira Baixa – 1989 Lissabon), Arzt, Lyriker und Romancier. Gehört dem Neorealismus an, zeigt in seinem Werk den Menschen in den damals stark voneinander getrennten Welten, der ländlichen Umgebung und der Großstadt. «Foi hoje um domingo bonito» aus *Frias Madrugadas*, Publicações Europa-América, Mem-Martins.

JORGE DE SENA (1919 Lissabon – 1978 Santa Bárbara, Kalifornien), Ingenieurstudium, aus politischen Gründen 1959 nach Brasilien emigriert, ab 1967 in den Vereinigten Staaten. Professor für portugiesische Literatur, Erzähler und Lyriker. In den Gedichten in einer sehr direkten Sprache oft ironische, kritische Stellungnahme zu alltäglichen Dingen und Verarbeitung der Erfahrungen des Exils. «Cadastrado» aus *Sequências*, Moraes Editores, Lissabon 1980. Lizenz SPA.

SIDÓNIO MURALHA (1920 Lissabon – 1982), verließ 1942 Portugal, ab 1962 in Brasilien. Erzählungen und Lyrik mit neorealistischer Thematik, auch Kindergedichte; oft einfache, sehr musikalische Sprache. «O Homem dos Balões» aus *Os Olhos das Crianças*, 1963. Der Rechte-Inhaber konnte nicht ermittelt werden.

EUGÉNIO DE ANDRADE (geb. 1923 Póvoa de Atalaia), eine der Hauptgestalten der portugiesischen Lyrik der Gegenwart. Viele seiner Gedichte sind ein Hymnus auf die Körperlichkeit, ein Versuch, die vier Elemente der Natur sinnlich zu erfahren und mit ihnen zu verschmelzen. Dabei verwendet er eine bildhafte und metaphorische Sprache. « Canção» aus *Primeiros Poemas*; « Lisboa» und « Lágrima» aus *Coração do Dia* in *Poesia e Prosa*, vol. I, Circulo de Leitores, Lissabon 1987. Lizenz SPA.

MÁRIO CESARINY (geb. 1924 Lissabon), gehört zur Gruppe der portugiesischen Surrealisten; zu den Facetten seines Werks zählt der spöttische Blick auf die bürgerliche Gesellschaft. « Pastelaria» aus *Nobilíssima Visão*, Assírio & Alvim, Lissabon 1991.

SEBASTIÃO DA GAMA (1924 Vila Nogueira de Azeitão – 1952 Lissabon), Lehrer und Dichter. Starb mit 28 Jahren an Tuberkulose. Hinterließ ein berühmt gewordenes *Diário* (Tagebuch), mit Aufzeichnungen seiner pädagogischen Erfahrungen und Einsichten voller Menschlichkeit. Verglich den Unterricht mit einem poetischen Schöpfungsakt. « Pelo Sonho é Que Vamos» aus *Pelo Sonho é que Vamos*, Ática, Lissabon 1953.

ALEXANDRE O'NEILL (1924 Lissabon – 1986 Lissabon), Dichter des Surrealismus, thematisiert häufig das materielle und moralische Elend unterprivilegierter Klassen, aber auch des Bürgertums. Provoziert den Leser durch Ironie, Satire oder bissigen Humor. « De Porta em Porta» aus *Poesias Completas*, INCM, Lissabon 1982.

ANTÓNIO RAMOS ROSA (geb. 1924 Faro), Dichter und Essayis mit erkenntnistheoretischem Anspruch; fragt nach der existenziellen Verwurzelung des Menschen in der Welt. « Não posso adiar o amor» aus *Viagem Através Duma Nebulosa*, Ática, Lissabon 1960. Lizenz vom Autor.

DAVID MOURÃO-FERREIRA (1927 Lissabon – 1996 Lissabon), schrieb Lyrik, Erzählungen, Essays. Auch als Literaturprofessor tätig. Bevorzugte formal das kurze, liedhafte Gedicht volkstümlicher Art. Thematisch im Mittelpunkt steht in Lyrik und Prosa der Eros. « Soneto do Cativo» und « Maria Lisboa» aus *Obra Poética 1948-1988*, Editorial Presença, Lissabon 1996. Lizenz SPA.

Herberto Helder (geb. 1930 Funchal, Madeira), vom Surrealismus beeinflusst, Hauptvertreter der experimentellen Lyrik in Portugal. Dichtung charakterisiert durch die Auflösung konventioneller Sprachstrukturen, Bilder und Assoziationen. « Inspiração » aus *Última Ciência*, Assírio & Alvim, Lissabon 1988.

Ruy Belo (1933 S. João da Pesqueira – 1978 Queluz), identifiziert sich mit den Problemen seiner Mitmenschen; der Enttäuschung über die politische Lage seines Landes setzt er im Gedicht die Hoffnung auf Erneuerung entgegen. Hoher Sprachstil, an klassischen Vorbildern orientiert. « O Portugal Futuro » aus *Homem de Palavra(s)*, Editorial Presença, Lissabon 1970. Lizenz von der Witwe des Autors.

Manuel Alegre (geb. 1936 Agueda), Jurastudium, schon als Student aktiver Widerstand gegen die Diktatur, später gegen den Kolonialkrieg. Im politischen Exil (Frankreich, Algerien) bis Mai 1974. Bis heute politisch engagiert, zuletzt Vize-Präsident der portugiesischen Nationalversammlung. In seinem umfangreichen lyrischen Werk zahlreiche Gedichte mit Liedcharakter, die zum Widerstand aufrufen, häufig rezitiert und gesungen. « Trova do vento que passa » aus *30 Anos de Poesia*, Publicações Dom Quixote, Lissabon 1997. Lizenz SPA.

Vasco Graça Moura (geb. 1942 Foz do Douro, Porto), zunächst als Rechtsanwalt tätig, dann im kulturpolitischen Bereich engagiert, seit 1996 bei der Gulbenkian-Stiftung. Sein literarisches Werk umfasst Lyrik, Essays und Übersetzungen (Dante, Shakespeare, Rilke, Benn, Enzensberger). In den Gedichten kritischer Beobachter des Alltäglichen, dabei oft ironische Haltung, hohes, anspruchsvolles Sprachniveau. « ticiano » aus *poemas com pessoas*, Quetzal Editores, Lissabon 1997. Lizenz vom Autor.

Al Berto (geb. 1948 Coimbra), Lyriker, verarbeitet in seinen Gedichten häufig Erlebnisse seiner eigenen nomadenhaften Jugend, des *Underground*. Hält in einer sehr originellen Art und Weise und mit fast fotografischem Blick Bilder, Eindrücke oder extreme Momente fest, seien es erotische Ekzesse oder Augenblicke tiefer Melancholie. « Jaula de Néon » aus *Salsugem*, Assírio & Alvim, Lissabon 1983.

NUNO JÚDICE (geb. 1949 Mexilhoeira Grande, Algarve), Professor für Literatur, Lyriker. Meist Gedichte im freien Versmaß, in einer inneren Haltung des Sich-erinnerns, der Reflexion – oft über die Dichtkunst selbst. In der Anschaulichkeit und suggestiven Kraft erinnern viele an Bildmeditationen. «Um Amor» aus *Obra Poética 1972-1985*, «Tempo Livre» aus *Meditação sobre Ruínas*, 1996, Quetzal Editores, Lissabon. Lizenz vom Autor.

LUÍS FILIPE DE CASTRO MENDES (geb. 1950 Idanha-a-Nova, Beira Baixa), Lyriker und Romancier. Diplomatische Laufbahn, heute im Außenministerium tätig. Verwendet in seiner Dichtung oft den Reim und traditionelle Formen wie das Sonett, häufig in parodistischer Absicht. Gedichte mit zahlreichen Zitaten und Verweisen auf andere Autoren, starke Intertextualität. «O modo funcionário de viver» aus *O Jogo de Fazer Versos*, Quetzal Editores, Lissabon 1994. Lizenz vom Autor.

FERNANDO PINTO DO AMARAL (geb. 1960 Lissabon), Lyriker, Literaturkritiker, Dozent für Literatur. Übersetzer der *Fleurs du Mal* von Baudelaire. Bisher drei Bände Lyrik. Große Intensität bei der Beschreibung seiner Empfindungen und Stimmungen, die oft mit Naturphänomenen verbunden sind. Erinnert im Gebrauch der Metaphern und dem häufig elegischen Ton zuweilen an romantische Traditionen. «Limiar» aus *Às Cegas*, Relógio D'Água Editores, Lissabon 1997. Lizenz vom Autor.